佛教文化经典丛书

白话坛经

全注·全译·文白对照

注译◎魏道儒

陕西新華出版 三秦出版社

图书在版编目（CIP）数据

白话坛经／魏道儒 注译. 一西安：三秦出版社，2021.11（2025.9 重印）
（佛教文化经典丛书）
ISBN 978-7-80546-459-6

Ⅰ. ①白…　Ⅱ. ①魏…　Ⅲ. ①坛经－注释 ②坛经－译文
Ⅳ. ①B946.5

中国版本图书馆 CIP 数据核字（2002）第 064241 号

佛教文化经典丛书
白话坛经

魏道儒　注译

出版发行　三秦出版社
社　　址　西安市雁塔区曲江新区登高路1388号
电　　话　（029）81205236
邮政编码　710061
印　　刷　三河市兴达印务有限公司
开　　本　720mm×1000mm　1/16
印　　张　13.5
字　　数　163千字
版　　次　2021 年 11 月第 2 版
印　　次　2025 年 9 月第 7 次印刷
标准书号　ISBN 978-7-80546-459-6
定　　价　58.00元

网　　址　http://www.sqcbs.cn

总 序

佛教于公元前6世纪诞生在印度次大陆，西汉时期传入中国，与中国固有文化发生冲突和融合，使得中国传统文化变得更加丰富多彩，博大精深，逐渐形成了以儒家文化为主、以道家文化和佛教文化为辅的文化格局。这种格局几乎贯穿于整个中国封建时代。要真正了解中华传统文化，就必须了解中华佛教文化。随着社会历史的风云际会，文化潮流的峰回路转，在人类迈入新世纪之时，越来越多的人们开始把目光投向神秘的佛教文化。

佛教文化的载体就是各个时代传下来的汗牛充栋的佛教经典。正如儒家典籍分为经、史、子、集一样，佛教典籍也细分为经、律、论三大类，号称“佛法三藏”。“经”的地位最高，是佛陀为指导弟子修行所宣说的理论。因此，今天的人们最为关注的也就是这些“佛经”。

人们激赏、关注佛经，有着各种各样的动机。不管怎样，佛经毕竟已经不再局限于佛教内部，不再只是佛门弟子朝夕诵读的宝卷。学者们探幽发微，极力领悟通达无碍的大乘般若，解读出神入化的因明思辨，进而把握佛教文化与中国文化的脉络。普通人出于修身养性的需要，在接受了儒家和道家四书五经、道德南华的洗礼之后，自然而然地渴求从佛家的经典中汲取智慧和精神营养。如果说读书是千古风雅之事，那么读佛经更是被看做雅中之雅。正如明代学者陈继儒所言：“闭门阅佛书，开门接佳客，出门寻山水，此人生三乐。”相信不少人就是抱着这种心态去读佛经的。

读佛经固然富有禅意，可是佛经却并非人人都能读懂，除了少数学者外，即使是终日诵习的佛门弟子，也常常受到“文字障”的困扰，更不用说一般读者了。有鉴于此，我社应读者的要求，组织国内佛教研究专家，编写了这套“佛教文化经典丛书”，选取十一部在佛教史上影响最大、在中国僧俗群众中名气最大的著名经典，详加注解破译，以便让深邃精妙的禅机法慧，化作为大众所喜闻乐见的菩提甘泉，滋溉读者的心田。这十一部经典是：《金刚经》、《法华经》、《圆觉经》、《地藏菩萨本愿经》、《六祖坛经》、《楞伽经》、《楞严经》、《阿弥陀经》、《无量寿经》、《观无量寿经》、《胜鬘经》。注译者抱着高度负责的态度，发扬当年译经大德的精神，潜心体悟，字斟句酌，力求使“二次传译”保持原经文的神韵，而又不失质朴和通俗晓畅。我们真诚地希望广大读者提出宝贵的意见，以便使丛书越出越好。

目　录

序

杜继文

《红楼梦》第22回写到“宝玉悟禅机”，薛宝钗向他讲了一个慧能与神秀呈偈比试的故事，对于贾宝玉形成消极遁世的人生观有重大影响。凡读过这部伟大作品的人，都不会陌生。这个故事就出在《坛经》中。

从已经发现的材料看，《坛经》出现在中唐8世纪晚期，是禅宗中主张心学一派最具代表性的典籍，对于此后的士大夫产生过相当大的影响。这种影响，不只反映在像《红楼梦》这样的文学作品中，还表现在更深刻的哲学领域，尤其是明代盛行的儒家心学上。因此，不论在中国佛教史，还是中国思想史，《坛经》都占有不可忽视的地位。

《坛经》在流通的过程中，由于地区和时代的原因，出现了多种抄本，有不少差异，但基本思想是稳定的，没有什么变化，主要是：

第一，自我具足，一切皆备。真理、智慧、佛性，所有佛教认为美好的、理想的东西，全在我之一心；宇宙万物、人生穷达，均由一心创造。因此，觉悟和解脱之道，绝对地不能向外在世界追求，不能借外部力量达到，不能为外界环境所左右；惟一正途是认识自身的本性，确立自信，开发自我，实现自我。

第二，“众生平等，无有高下”。这是《坛经》推崇的《金刚般若经》中的话。人的本性是“静”，是“净”，是永恒的“自在”，即真善美与自由的统一，人人皆是如此，无一例外，所谓“凡圣一如”、“众生皆有佛性”。人要自信，第一步就是自信我不比佛祖、圣贤低下；人要解脱，首先不要以尊卑视众生而成枷锁。

第三，批判权威，轻蔑言教。从上述两个基本点出发，《坛经》批判以梁武帝为代表的建寺造像、度僧设斋，称其为“邪道”；同时批判净土信仰，以为“东方人造罪念佛求生西方，西方人念佛求生何国？”它还对以神秀门徒为代表的官禅提出批评，以为于“性”未悟，未得正传。它继承般若学和三论宗的传承，把一切名言经典视作不具任何真理性的方便设施，佛说三乘十二分教最多是为世俗病患者开的药方，以此抨击诠释经论的义学法师。它提出一个原则：“心迷《法华》转，心悟转《法华》”，圣人的经典言教只能是藉以发挥自己观点的手段，决不可被它们牵动旋转。

《坛经》的这些主张，对于禅宗持续地冲击佛教的旧传统，破除它的崇拜和信仰体系，起着重要的作用，同时在部分士大夫中也引起共鸣。中唐以后，凡属不满正统思想而放旷不羁，离经叛道，又不走造反道路的士大夫，几乎没有不受《坛经》类的禅思想影响的。如果说，中国古代也有个人主义和人性论的话，《坛经》就是其中一种，尽管在社会基础方面完全不同于近代的西方。

《坛经》有许多言论，显得超脱飘洒，但它植根的土壤，却充满着动乱和辛酸，所以它的基调是看破红尘、空幻悲观的，它的洒脱说穿了不过是含泪的微笑。

慧能是弘忍的门徒，弘忍教人“以心传心”，“不立文字”，而《坛经》则以文字传世，应该说是大违慧能宗旨的。然而，《坛经》恰巧就在大树特树慧能的宗旨，并且规定，唯有“递相教授”一卷《坛经》，才是“不失本宗”。它否定了一切权威和言教，全是为了肯定自己的权威和言教。它缺乏自我批判。

据传，《坛经》是慧能所说。但慧能其人与禅宗的鼻祖达摩一样，那形象是几经塑造的。仅慧能的籍贯、出身、民族，就有多种说法。禅宗需要的是理想化的领袖，而不完全是真实的历史人物。至于制造伪经、篡改原典，更是佛教史上常见的现象。从禅宗讲，佛祖言教，无非是哄弄愚夫小儿的空拳黄叶，所以，作假于道德无碍，教义上也通得过。《坛经》迭经修正，就证明它与慧能本人的思想不全是一回事，所记事件也不能视作信史。它反映的是一种思潮，一种存在于中唐以来，值得研究的思潮。

《坛经》并不为佛教所有宗派承认，即使在禅宗中，反对者，批评者也大有人在。它的言论，只能算是禅宗中的中和派。它对“诸恶莫作，诸善奉行”的佛教道德律表现不满，显示出不问世事的超脱态度，但又教人“止恶行善”，力争对社会起教化的功能；它排除了外来禅中关于“神通”的狂想，却容纳了“色身”正常、“法性身”（性灵）永住的宗教观念；它的大趋向是清除佛教的宗教因素，同时又保留若干预示未来的谶记，堕进更粗鄙的传统迷信。它在禅宗中介乎激进派与保守派之间，既曾受到官方的专项打击，也得到过官方的特别赏识。

自从本世纪传入西方社会以后，禅作为失衡社会中调节心绪的一种手段，已经引起现代心理学的注意；禅作为精神治疗术的一种，也有被纳入现代医学研究范围的趋向。当然，它曾作为士大夫宣泄苦闷的渠道，也是中国历史上的一种重要文化现象。禅在国内外的运用和研究，大有方兴未艾的势头。

此外，在禅中发掘神通，追求特异功能的倾向，也很盛行；抱着不同用心，力图把禅归结为东方神秘主义的代表，因而作为国粹加以渲染者，大有人在。那么禅究竟是什么？确实应该有个符合事实的了解。我想，出版一些禅宗的重要原籍，而且能为非专业研究的读者所看懂，就是其中有效的一途。

据我所知，《白话坛经》是第一部用白话文翻译的禅宗原典。译注者魏道儒同志，在禅宗的研究上有相当功底，学风严谨，文字流畅。他的译文本乎忠于原作、又有可读性的原则，不掺杂个人的是非好恶，我以为这是对读者负责的态度，也是古文今译最可取的态度。

六祖大师法宝坛经[①]

风幡报恩光孝禅寺住持
嗣祖比丘宗宝编

行由第一

【经文】

时[②]，大师至宝林[③]。韶州韦刺史[④]与官僚入山，请师出，于城中大梵寺讲堂[⑤]，为众开缘说法[⑥]。师升座次[⑦]。刺史官僚三十余人、儒宗学士[⑧]三十余人、僧尼道俗[⑨]一千余人，同时作礼，愿闻法要[⑩]。

【注释】

① 六祖大师法宝坛经:《坛经》各版本名称不一致。敦煌本名为《南宗顿教最上大乘摩诃般若波罗密经六祖惠能大师于韶州大梵寺施法坛经》，惠昕本为《六祖坛经》，契嵩本为《六祖大师法宝坛经曹溪原本》，有些版本也只称《坛经》。

② 时：佛教经典开头一般有简略的序语，介绍佛说法的缘由、时间、地点、听众等六项内容，其中“一时”一词即表明说法时间，但并没有明确指出确切时间。《坛经》仿效佛教经典的格式，以“时”来表示惠能说法的时间。

③ 宝林：即宝林寺，在今广东韶关南华山。唐中宗时曾名中兴寺，北宋太平兴国年间改名南华寺，后曾改名华果寺。

④ 韦刺史：韶州刺史韦琚，其人身世不详。

⑤ 大梵寺讲堂："大梵寺"在今广东韶关，开元二年（714）曾名开元寺。北宋时曾先后改名崇宁寺和天宁寺。南宋初改名报恩光孝寺。"讲堂"指说法的地方。

⑥ 开缘说法：指为开导众人而讲说佛教教义，这里指惠能讲述自己的思想。

⑦ 升座：指在说法的座位上就坐。

⑧ 儒宗学士：指儒士学者。

⑨ 僧尼道俗："僧"在这里特指出家的男信徒；"尼"指出家的女信徒；"道"指道士、崇奉道教的人士；"俗"指未出家的人，由于"儒宗学士"，"官僚"也是"俗人"，此处与上文相对照，可译为"老百姓"。

⑩ 法要：佛教教义的核心内容，此处可以理解为惠能的基本思想。

【白话】

当时惠能大师离开广州法性寺，来到南华山宝林寺。韶州刺史韦琚率领僚属们来到南华山，请惠能大师到城中的大梵寺讲经堂，开导众人，宣讲佛法。惠能大师就座时，韦刺史及部属三十多人、儒士学者三十多人、男女僧众、道士和老百姓一千多人，同时向惠能大师行礼致敬，希望听讲佛法的根本思想和主要内容。

【经文】

大师告众曰："善知识①，菩提②自性③，本来清净④。但用此心，直了成佛⑤。善知识，且⑥听惠能⑦行由得法事意。

【注释】

① 善知识：一般指道德高尚、知识渊博、富有智慧、并能够指导他人信奉佛教的人。可以用于称呼出家僧人，也可以称呼没有出

家的佛教信徒。这里的“善知识”，是惠能对所有在场听众的赞誉性称谓。对于佛教的这种称谓语，我们没有在译文中译出。

② 菩提：梵文 Bodhi 的音译，意译为“觉”、“智”等，指对佛教教理的认识和觉悟。佛教各派对此有不同解释。一般说来，达到佛教解脱境界的智慧，可以通称为“菩提”。《坛经》吸收了《维摩诘经》和《大乘起信论》等佛教经典的思想，并且予以发挥，把“菩提”作为每个人先天具有的觉悟本性，与佛的智慧没有区别。我们一般译为“觉悟”，由于行文的需要，在个别地方没有译出。

③ 自性：指一切事物和现象永恒不变的本性，包括每个人先天具有的自我本性。《坛经》中所讲的“自性”，主要强调人的本性，认为人的本性中不仅蕴含了世间的万事万物，而且蕴含了全部佛教道理，这是人们成佛解脱的内在依据。

④ 本来清净：“本来”是指没有开端，先天如此。“清净”一般指人们在行为、语言和思想三个方面都符合佛教的教义，没有任何过失，尽善尽美。按照佛教经典常用的比喻，“清净”就是人们没有受到世俗尘埃的污染，洁净无瑕。否定有违于佛教教义的言行和思想，是保持“清净”的前提。《坛经》中，所讲的“清净”，又是按禅宗的教义来衡量的。

⑤ 但用此心，直了成佛：只要运用和依据人的本心，就能够不经过任何修行阶段而直接成就佛道。《坛经》中“心”字出现了数百次，其含义并不完全相同。此处的“心”是指与佛的本性和佛的智慧相等同的人的本心。禅宗认为，人心先天就蕴含着包括佛教全部道理在内的一切，所以，成佛解脱的过程只是一个修“心”的过程，也就是一个自我心理调节的过程。正是基于这种理论，《坛经》强调“但用此心”。“直了成佛”，是说明成佛不需要长期的修行，不需要经过若干修行阶位，这个从凡入圣的转变过程可以在瞬间完成。“佛”，是梵文 Buddha 的音译之略。全称“佛陀”，也音译为“佛驮”、“浮屠”等，意译“觉”、“觉者”等。就字面来解释，“觉”有三重含义，即自己觉悟，使众生觉悟和觉悟的功德圆满。“佛”是佛教修

行的最高阶位，佛教的不同派别对此有不同解释。小乘佛教一般把“佛”作为对释迦牟尼的尊称，其他佛教僧侣经过修行是不能成为佛的。大乘佛教则不专指释迦牟尼，而是泛指一切觉行圆满者。大乘佛教认为佛很多，其数量如同恒河边上的沙粒，根本无法计算。但是，无论怎样解释，禅宗以前的佛教诸派都把佛作为外在的崇拜对象，禅宗则把这种崇拜对象拉回到每个人的心中。《坛经》对“佛”的新解释很多，请参看。

⑥ 且：语助词，此处有“请允许我慢慢讲来”的意思。由于这类语助词与理解《坛经》的基本思想没有什么关系，我们以后不再一一注释，只在译文中尽量体现出来，以避繁冗。

⑦ 惠能：惠与“慧”通，惠能也作“慧能”。一般说来，唐五代的禅宗典籍写作“惠能”，北宋以后的禅宗典籍中才出现了“慧能”。

【白话】

惠能大师对大家说：“善知识，人们先天具有的觉悟本性，本来就是洁净无瑕、没有蒙受世俗间的尘埃污染的。只要依据这种洁净的本心，就能不经过任何修行阶段而直接成为佛。善知识，请先听惠能获得佛法的经过和事情的来龙去脉。

【经文】

“惠能严父，本贯范阳[①]，左降流于岭南[②]，作新州[③]百姓。此身不幸，父又早亡[④]，老母孤遗，移来南海[⑤]。艰辛贫乏，于市卖柴。

【注释】

① 惠能严父，本贯范阳：据署名法海的《六祖大师缘起外纪》，惠能的父亲姓卢，名叫行。范阳，今北京大兴、宛平一带。

② 岭南：指五岭以南的地区，大致相当于今天的广东。

③ 新州：今广东新兴县。

④ 父又早亡：据《景德传灯录·慧能传》记载，惠能三岁时死了父亲。

⑤ 南海：今广东省佛山一带。

【白话】

“惠能父亲的籍贯是范阳，后来因事遭贬官，被流放到岭南地区，成为新州的一名普通老百姓。惠能的身世非常不幸，父亲又早早离开人世，只留下孤儿寡母，迁移到南海地方。由于家境贫寒，惠能只好进山打柴，然后再到城镇集市上卖掉，以此维持生活。

【经文】

“时，有一客买柴，使令送至客店。客收去，惠能得钱，却出门外，见一客诵经[①]。惠能一闻经语，心即开悟[②]。遂问：‘客诵何经？’客曰：‘《金刚经》[③]。’复问：‘从何所来，持此经典？’客云：‘我从蕲州黄梅县东禅寺[④]来。其寺是五祖忍大师[⑤]在彼主化[⑥]，门人一千有余。我到彼中礼拜，听受此经。大师常劝僧俗：但持《金刚经》，即自见性[⑦]，直了成佛。’惠能闻说，宿昔有缘[⑧]，乃蒙一客取银十两与惠能，令充老母衣粮，教便往黄梅，参礼五祖。

【注释】

① 诵经：指诵读佛教经典。

② 心即开悟：“开悟”指开发了人们本有的佛教智慧，觉悟了佛教的真理，这里的“悟”有认识、理解和体验的意思。

③《金刚经》：《金刚般若波罗密经》的简称。“金刚”比喻非常坚固不能被摧毁，“般若”意为智慧，“波罗密”意为到达彼岸。经

名的字面意思是：凭借金刚不坏之身和至高无上的智慧而到达解脱的彼岸。后秦鸠摩罗什译出此经，为一卷本。《金刚经》的异译本有北魏菩提流支和南朝陈真谛的同名译本，唐玄奘的《能断金刚般若波罗密多经》（在《大般若经》第九会），义净的《能断金刚般若波罗密多经》等。流传最广的是鸠摩罗什的译本。《金刚经》宣扬“凡所有相，皆是虚妄”，即一切可见有形体的事物和现象都是虚幻不实的，从而否定现实世界的真实性。主张人们应该“离一切诸相”而“无所住”，即脱离一切可见有形的事物和现象，对现实世界的一切都不迷恋或执着追求。这部经对禅宗思想的形成有很大影响。

④ 蕲州黄梅县东禅寺：蕲州黄梅县，故治在今湖北省黄梅县西北。东禅寺在黄梅县西南，又名莲华寺。

⑤ 五祖弘忍：弘忍（601—674）俗姓周，湖北黄梅人。他七岁时随道信出家，十三岁时正式剃度为僧，一直跟随道信，白天从事劳动，晚上静坐习禅。道信逝世后，他定居于黄梅双峰山东山寺，聚徒讲习，弟子很多，形成了很大影响。弘忍认为，行住坐卧都是成佛的行为和活动，人的一切行动、言论和思维活动都体现佛的教化。坐禅时的静默与生活中的活动毫无区别。这就把对禅境的体验完全贯彻到日常生活之中。弘忍及其师父道信的思想都对惠能及其《坛经》产生了很大影响。当然，不能认为惠能所讲的法都是从弘忍那里接收的。弘忍的著名弟子有神秀、惠能、慧安、智诜、玄赜等人。弘忍后被尊为禅宗五祖。唐代宗敕谥“大满禅师”号。

⑥ 主化：指主持教化。

⑦ 见性：“见”并不是用眼睛看的意思。《坛经》中的“见性”与“识心”意思相同，指对自我本性的认识、理解和体验。另外，由于自我本性与佛的本性平等无二，所以“见性”或“识心”又往往是“成佛”的同义语。我们一般把“见性”译作“对自我本性的认识、理解和体验”，有时根据行文的需要，根据原典在使用这个词时强调的方面不同，稍作变动。

⑧ 宿昔有缘：指前世结下的缘分。佛教宣扬生死轮回，人都有

前世、今世和后世，所以有前世因缘的说法。

【白话】

“有一天，一位顾客买了惠能的柴，并让送到客店里。顾客收了柴，惠能拿了柴钱，刚走出门外，忽然看见一位客人正在诵读佛教经典。惠能一听客人所诵读的经文，心中就有所省悟，理解了经文的意思。于是惠能就问这位客人：‘你诵读的是什么经典？’客人回答：‘我诵读的是《金刚经》。’惠能又问：‘你从什么地方来，怎样获得这部经典？’客人回答：‘我从蕲州黄梅县东禅寺来。五祖弘忍大师主持东禅寺，在那里弘教传禅，门徒弟子有一千多人。我曾到东禅寺谒见弘忍大师，听他宣讲教授了这部经典。弘忍大师经常规劝告诫僧人和俗人，说只要按照《金刚经》所讲的来修行，就能自己认识、理解和体验自我的本性，不经过任何修行阶段而直接成就佛道。’惠能听了这番话，便萌发了去黄梅请教五祖弘忍大师的念头。大约也是前生有缘吧，一位客人送给惠能十两银子，嘱咐惠能安置好老母亲，然后去黄梅县东禅寺，谒见五祖弘忍大师，请教禅学。

【经文】

“惠能安置母毕，即便辞违，不经三十余日，便至黄梅，礼拜五祖。祖问曰：‘汝何方人，欲求何物？’惠能对曰：‘弟子是岭南新州百姓，远来礼师，惟求作佛①，不求余物。’祖言：‘汝是岭南人，又是獦獠②，若为堪作佛③？’惠能曰：‘人虽有南北，佛性④本无南北；獦身与和尚⑤不同，佛性有何差别？’五祖更欲与语，且见徒众总在左右，乃令随众作务⑥。惠能曰：‘惠能启和尚，弟子自心常生智慧；不离自性，即是福田”⑦。未审和尚教作何务？’祖云：‘这獦，根性大利⑧！汝更勿言，著槽厂⑨去。’惠能退至后院。有一行者⑩，差惠能破柴踏碓。经八月余。

【注释】

① 作佛：指成就佛道或成佛。

② 獠：当时对以行猎为生的南方少数民族的侮称。“獠”既可以指少数民族猎人，也可以指野兽。把来自新州的惠能称为“獠”，含有说他没有开化、没有知识的轻蔑之意。我们权译作“蛮夷”。

③ 若为堪作佛：即怎么能成佛。

④ 佛性：梵文汉译词，也意译为“如来性”、“觉性”等。原来指佛陀的本性，逐渐发展为成佛的可能性、种子、依据。佛教各派对佛性有不同的解释,《坛经》中“佛性”一词出现的次数较少。《坛经》是把佛性与人的本心或本性相等同的。

⑤ 和尚：梵文音译，亦译“和上”、“和阇”等，意译“亲教师”、“近诵”、“力生”、“依学”等。在印度原为师父的俗称。在我国的佛教典籍中，可以作为对高僧的尊称，也可以作为对僧人的通称。我们根据原典上下文的语气，分别译作“师父”、“大师”等。

⑥ 随众作务：和大家一起去参加劳动。

⑦ 不离自性，即是福田：“福田”，指人们做善事就能得到福报，犹如在田地里撒下种子就能生长庄稼一样，所以持戒修善就是种福田。惠能这句话的意思是：认识、理解和体验自我本性的活动就是种福田，就能收获成佛的果实，难道还要通过劳动才能收获成佛的果实？所以他接下去又问：“未审和尚教作何务？”这句话也是双关语，表面上是问干什么活，实际上含有“教我如何修行才能成佛”的意思。

⑧ 根性大利：佛教所讲的“根”原本以植物的根作比喻，有“能生”的含义。“根性”指人们所具有的或为善或为恶的能力，“根性大利”与“天生素质高”有近似的含义。这是弘忍对惠能讲的那一套双关语的赞誉。

⑨ 槽厂：指养马的地方，马棚。

⑩ 行者：有两种含义，其一是指没有正式剃发出家而在佛教寺院中服杂役的人；其二是指行脚参禅或乞食的僧人，也可以泛称佛

教的修行者。此处的“行者”没有明确交待身份。后面称惠能为“行者”，则是在前一种意义上使用的称谓。

【白话】

“惠能安置好老母亲，便辞母北行，直奔黄梅县。走了不到三十来天，惠能就到达黄梅县，见到五祖弘忍，向他行礼致敬。五祖问：‘你是哪里人，到我这儿想获得什么东西？’惠能回答：‘弟子是岭南新州的一名普通老百姓，远道而来，投到大师门下，只想成佛，不想获得其它什么东西。’五祖说：‘你是岭南人，又是未开化的蛮夷，怎么能成佛呢？’惠能回答：‘人虽然有南方或北方的地区差别，佛的本性却根本没有南方或北方的不同。我这个岭南蛮夷之人虽然身体与大师有所不同，但是我们彼此都具有的成佛本性又有什么不同？’听了这番话，五祖还想和惠能继续交谈下去，但是看到众多弟子围在左右，就让惠能和大家一起去参加劳动。惠能说：‘惠能还有话要禀告大师，弟子内心时常萌发智慧的念头，认为不离开自我本性就是福田。’不知道大师还要让我干什么活？’五祖说：‘你这个蛮夷，想不到还天资甚高！你不要再多说了，到后院马棚里干活去吧。’惠能依言退出来，走到后院。有一位行者分派惠能去劈柴、踏碓舂米。就这样，惠能一连劳动了八个月。

【经文】

“祖一日忽见惠能，曰：‘吾思汝之见可用，恐有恶人害汝①，遂不与汝言，汝知之否？’惠能曰：‘弟子亦知师意，不敢行至堂前②，令人不觉。’

【注释】

①恐有恶人害汝：因为如果继续谈下去，惠能讲出了自己的思

想，别的僧人没有他这样精妙的理论，就要忌恨他甚至杀害他。在佛教寺院中，好些整天嘴上讲名利如浮云的僧人，却能够不择手段地明争暗斗，以便置身于宗教界的上层。这种情况在禅宗史上屡见不鲜。

② 堂前：此处指弘忍宣讲佛教教法的法堂之前。

【白话】

“有一天，五祖忽然召见惠能，说：‘我想你的见解是正确的，可以采用，由于怕有坏人害你，所以那天我就没有再和你交谈下去，你懂我的意思吗？’惠能说：‘弟子也明白师父的心意，所以这些日子一直不敢到讲法堂前抛头露面，以免被别人发现。’

【经文】

“祖一日唤诸门人总来：‘吾向汝说：世人生死事大[①]，汝等终日只求福田，不求出离生死苦海[②]。自性若迷[③]，福何可救[④]？汝等各去，自看智慧，取自本心般若[⑤]之性，各作一偈[⑥]，来呈吾看。若悟大意[⑦]，付汝衣法[⑧]，为第六代祖。火急速去，不得迟滞。思量即不中用[⑨]，见性之人，言下须见[⑩]。若如此者，轮刀上阵[⑪]，亦得见之。’

【注释】

① 世人生死事大：佛教认为世人都处于无始无终的生死轮回之中，只有按照佛教的教义修行才能脱离生死轮回。禅宗讲“生死事大”，就是以脱离生死轮回为号召，让人们为达到解脱成佛而参禅。

② 出离生死苦海：从佛教产生之日起，就把人生视为一个充满苦难的过程，比喻为“苦海”，以后的任何佛教派别，都毫无例外地对现实人生作出了这种价值判断。佛教讲生必有死，这的确是事实，

但佛教所讲的生必有死是与死必有生相联系的，因此，无论在生前死后，人们都始终处于这个“苦海”之中，这就是“生死苦海”。佛教各派为人们“出离生死苦海”设计了不同的方案，禅宗则把“识心见性”作为“出离生死苦海”的手段和表现。禅宗理论的特点在于：“出离生死苦海”不是在遥远的来世，就在现世；不仅限于遁世苦修，可以在现实社会的正常生活中完成；不需要经过长期的修行，可以在瞬间实现。尽管如此，禅宗并没有改变传统佛教认为人生是痛苦、生死循环是“苦海”的基本观点。

③ 自性若迷：犹言“你们如果迷失自己的本性”。所谓“迷”于自我的本性，是指对与佛性相等同的自我本性的不认识、不理解和没有体验。禅宗把“迷”于“自性”或“本性”作为人们沉沦于生死苦海的根本原因，只有达到“见性”才能超脱生死轮回。因此，如何“见性”、如何“识心”，就是《坛经》集中要论述的问题了。

④ 福何可救：佛教以业的果报来说明人生和社会的差别，认为每个人在行为、语言和思想认识方面的或善或恶，必将得到相应的报应。果报不仅决定一个人在现世的相貌美丑、穷富寿夭等等，还规定了他下一世的去向。如果持戒修善，不但今生可以得到好的报应，下世也可能转生到好地方。但是，无论做什么善事，得什么福报，都不能超脱生死轮回。这就是“福何可救”的意思。

⑤ 般若：梵文音译，意译为“智”、“慧”等，指对佛教特有的真理的认识，获得这种智慧就能达到解脱。《坛经》中讲的般若智慧，当然就是指对禅宗的“真理”的认识。

⑥ 偈：梵文意译，亦译“颂”、“讽颂”等，音译“伽陀”、“伽他”等，是佛经的体裁之一，有固定的字数，一般为四句，有不同的种类。中国僧人的偈与诗类似，《坛经》中的偈就属于这一类。

⑦ 若悟大意：指“如果理解了禅宗理论的基本思想”。

⑧ 衣法：“衣”指传说禅宗初祖菩提达摩传下来的僧衣，“法”指禅宗以心传心的教义。所谓外传衣，内传法，表明禅宗的师承关系和作为传法宗师的资格。

⑨ 思量即不中用:“思量”指思虑事理而量度之，有思考、分析、推理的含义。禅宗认为，识心见性不能通过逻辑思维来达到，也不能用文字语言来确切描述，即便发之于言语见之于文字者，也不能“拟议”和“安排”。“思量即不中用”正是从这两个方面来讲的。

⑩ 言下须见：指在言谈之间就能立刻认识自己的本性，这是从另一个方面说明成佛是在瞬间就可以达到的。

⑪ 轮刀上阵：指上阵作战，舞刀如车轮一样飞转。

【白话】

“这一天，五祖召集起所有的弟子，对他们说：‘我告诉你们，世人都沉沦于无始无终的生死轮回之中，这是必须要解决的最大问题，你们每天只是一心持戒修善追求福报，不去追求脱离生死轮回的苦海。如果你们不认识自己的本性，做功德善事又怎么能拯救你们脱离生死苦海？你们都回去，凭借自己的聪明才智，运用自己先天具有的智慧本性，每人作一首偈颂，拿来给我看。如果发现谁能领会佛法的大意，我就传给他衣钵教法，让他成为第六代祖师。你们赶快回去作偈颂，不得迟缓。如果你们绞尽脑汁对佛教的义理进行思考、分析和推理，那是没有用的，因为认识本性的人言谈之间就能立刻显示出来。如果是这样的人，即便在挥刀上阵厮杀、生命攸关、无暇他顾的紧急关头，也能够瞬间认识自己的本性。

【经文】

“众得处分，退而递相谓曰：‘我等众人，不须澄心①用意作偈，将呈和尚，有何所益？神秀②上座③，现为教授师④，必是他得。我辈谩作偈颂，枉用心力。’余人闻语，总皆息心。咸言：‘我等已后，依止⑤秀师，何烦作偈？’

【注释】

① 澄心：使心绪平静，排除杂念，注意力集中。

② 神秀：生于606年，卒于706年，是禅宗北宗的创立者。神秀俗姓李，开封尉氏（今河南尉氏县）人，早年博览经史，唐武德八年（625）在洛阳天宫寺受具足戒。五十岁时，到黄梅县双峰山东山寺参谒弘忍，从事打柴汲水等劳役以求法，深得弘忍赏识。弘忍逝世后，他到今天湖北当阳县东南的玉泉寺，建立了颇有影响的禅宗基地。二十多年中，在他身边聚集了众多参禅僧徒。武则天听到他的盛名，于久视元年（700）遣使迎请。第二年，他到了东京洛阳，住于内道场，受到唐王朝的特殊礼遇。武则天曾命于当阳置度门寺，于尉氏建报恩寺，以表彰他。唐中宗继位后，对他更为尊敬。神秀逝世后，诏谥“大通禅师”。他的著名弟子有嵩山普寂（651—739）和西京义福（658—736）等人，都与唐王朝保持着密切关系。相传神秀曾作《大乘五方便》和《观心论》。神秀生前的名望要比惠能大得多，《坛经》中的有些记述并不一定属实。

③ 上座：这里指佛教寺院中的僧职名称，唐以前的上座是全寺之长，唐以后禅宗寺院中的上座位在住持之下。

④ 教授师：负责教授弟子的一种“轨范师”，专门给受具足戒的僧人教授威仪作法，即有关行、住、坐、卧等方面的行为仪则。

⑤ 依止：指依赖、追随有势力并且有道德的僧人。

【白话】

“大家听了五祖的吩咐，回来后相互议论：‘我们这些人根本用不着花费心思作偈呈送大师，这是徒劳无益的。神秀上座现在是我们的教授师父，不用说，一定是他获得第六代祖师之位。我们这些人凑热闹轻率冒昧地作一首偈，不过是枉费心思。’其他人听到这种议论，都打消了作偈一试的念头。大家都说：‘我们以后反正要仰仗神秀师父，何必自找麻烦作偈呢？’

【经文】

“神秀思惟：‘诸人不呈偈者，为我与他为教授师。我须作偈，将呈和尚。若不呈偈，和尚如何知我心中见解深浅？我呈偈意，求法即善，觅祖即恶[①]，却同凡心夺其圣位奚别？若不呈偈，终不得法，大难，大难！’

【注释】

① 觅祖即恶：指如果是为了当第六代祖师而呈偈，那就是恶。

【白话】

“神秀心中暗想：‘大家都不作偈呈交大师，是因为我是他们的教授师父，所以我必须作一首偈呈交五祖。如果我不作偈呈交，五祖大师怎么知道我的见解深刻还是浅薄呢？我作偈呈交五祖，如果是为了获得佛法，那动机就是好的，如果是为了取得第六代祖师的位置，那就是动机不纯，与世间凡夫俗子要夺取皇帝宝座有什么区别？如果我不作偈呈交五祖，那将永远不会获得真正的佛法。此事真是太难、太难了。’

【经文】

“五祖堂前，有步廊三间，拟请供奉卢珍[①]画《楞伽经变相》[②]及《五祖血脉图》[③]，流传供养[④]。神秀作偈成已，数度欲呈。行至堂前，心中恍惚，遍身汗流拟呈不得。前后经四日，一十三度，呈偈不得。秀乃思惟：‘不如向廊下书著，从他和尚看见，忽若道好，即出礼拜云：是秀作。若道不堪，枉向山中数年，受人礼拜，更修何道？’是夜三更，不使人知，自执灯，书偈于南廊壁间，呈心所见。偈曰：身是菩提树[⑤]，心如明镜台[⑥]，时时勤拂拭，勿使惹尘埃[⑦]。秀书偈了，便却归房，人总不知。秀复思惟：五祖明日见偈欢喜，即我与法有缘[8]；若言不堪，自是我迷，宿业障重[9]，不合得法。圣意[10]难测。房中思想，坐卧不安，直至五更。

【注释】

①供奉卢珍："供奉"是官职名称，多由一些擅长文学、美术或各种技艺的人担任，他们供奉内庭。《景德传灯录》说卢珍是处士，没有提他当过供奉。

②楞伽经变相：《楞伽经》全称《楞伽阿跋多罗宝经》，南朝宋求那跋陀罗译，四卷本。异译本有北魏菩提流支译的《入楞伽经》十卷，唐实叉难陀译《大乘楞伽经》七卷。其中以四卷本《楞伽经》最为流行。这部经内容很复杂，主要宣扬世界万事万物都由心所造，认识的对象不在外界而在内心。《楞伽经》对禅宗影响很大。被奉为禅宗初祖的菩提达摩曾把四卷《楞伽经》授与慧可（后被奉为禅宗二祖），并且说：我看中国人的根器学习此经最合适，你能按照这部经所讲的去修行，就可以出离世间。这里的"变相"，指把《楞伽经》中的故事绘成图画。

③五祖血脉图："五祖"指菩提达摩、慧可、僧璨、道信、弘忍五位禅宗祖师。"血脉"原指人身体中流通血液的经络，借喻禅宗的师徒传承。"五祖血脉图"是描述禅宗五位祖师传承故事的图画。

④供养：一般指用鲜花、香烛、饮食、衣服等供奉佛、菩萨等，有时也指施舍僧尼。以后供养的含义较广，凡看到佛、菩萨像等佛教的崇拜对象而高兴、欢喜、尊敬等等，都算作供养。

⑤身是菩提树："菩提树"原名荜钵罗树，常绿乔木，叶呈卵形，茎干黄白，树子可作念珠。相传释迦牟尼曾在这种树下悟道，故名。因此，菩提树也成为佛教信徒眼中的圣树，关于菩提树有不少神话，相传南朝梁时僧人智药曾将此树移植中国。今多生长于广东。"身是菩提树"，这是一种比喻的说法。

⑥心如明镜台：《大乘起信论》中即有把众生的心比喻为明镜的文字。

⑦ 勿使惹尘埃：神秀的偈很有名，历来被认为是反映了北宗禅法的基本特点，显示了神秀和惠能两派禅学思想的主要差别。特别是把心比喻为明镜，与惠能坚持的“无相”之说大不相同，而“时时勤拂拭，莫使惹尘埃”，则形象地表述了“坐禅观净”的主张。《坛经》对这些理论都进行了批判，请参见有关章节。另外，包括这首偈在内，对于《坛经》中出现的偈，我们都以散文译出，希望能够交待得清楚一些。

⑧ 即我与法有缘：即我有缘获得五祖所传的真正教法。

⑨ 宿业障重：指过去所作的善恶之业很重，影响明心见性。“业”是梵文意译，音译“羯磨”，泛指人的一切身心活动。佛教认为，人的一切身心活动都对本人产生相应的影响，这就是所谓“业报”。

⑩ 圣意：这里指弘忍的心意。

【白话】

“五祖大师的讲经堂前有三间走廊，原来准备请卢珍供奉在那里画《楞伽经》的故事画，以及表现五位祖师传承关系的图画，以便使它们长久流传下去，让人们供养。神秀作好偈以后，几次想呈交五祖，但是每当他走到经堂前时，总是精神恍惚，紧张得遍身流汗，没有勇气把偈颂呈交给五祖。就这样前后经过四天，反复了十三次，神秀始终没有把偈颂呈交上去。神秀心里又想，不如把偈文写在讲经堂前走廊的墙壁上，由他五祖自己去看，如果五祖看过之后，忽然称赞说这个偈好，我就出来行礼，声明这首偈是我神秀所作；如果五祖说这个偈不行，那我算白在这山中多年，枉受大家尊敬，还修什么道呢？主意打定，就在这天晚上三更时分，神秀没有惊动其他人，自己提着灯，悄悄地把偈颂写在南廊墙壁上，表达自己心中的见解。他的偈文是：人的身体如同菩提树，人的心灵如同明镜，要时时刻刻注意擦拭，不要沾染上世俗的灰尘。神秀写完偈之后，又悄悄回到自己的卧房，全寺上下没有一个人知道神秀的所作所为。神秀又想：如果明天五祖看到我的偈之后高兴，那就说明我与获得佛法真传有缘分；如果他说偈不好，那自然怪我天生愚笨，前生的罪业太深重，不应该获得真正的佛法。五祖的圣意实在难以测度。神秀就这样在屋里想来想去，坐卧不安，一直折腾到五更天亮。

【经文】

“祖已知神秀入门未得，不见自性。天明，祖唤卢供奉来，向南廊壁间绘画图相。忽见其偈，报言：‘供奉却不用画，劳尔远来。经云：凡所有相，皆是虚妄①。但留此偈，与人诵持。依此偈修，免堕恶道②；依此偈修，有大利益。’令门人：‘炷香③礼敬④，尽诵此偈，即得见性⑤’。门人诵偈，皆叹善哉。

【注释】

①凡所有相，皆是虚妄：语出《金刚经》。“相”泛指能为人们感觉到的一切有形体的事物和现象，包括语言文字，包括在坐禅过程中出现的幻觉，《坛经》特别强调后两者。《金刚经》中这句话的大意是：一切有形体的事物或现象都是虚幻不真实的。《金刚经》的这种思想对禅学影响较大。这不仅是对现实世界的否定，而且是构成惠能禅宗理论的一个重要支柱。

②恶道：众生因所造恶业而转生的极坏去处，常讲的恶道有三种，即地狱、饿鬼和畜生。在早期佛教经典中，大量描述了轮回的可怕去处，特别是地狱，其情境令人闻之丧胆，从而惩诫世人信奉佛教，止恶修善，以防来世坠于恶道。以后佛教各派无一例外地继承了这些说法，禅宗也是如此。不过，禅宗对此又有新解释，请参见有关章节。

③炷香：即焚香。

④ 礼敬：礼拜、恭敬。

⑤ 尽诵此偈，即得见性：神秀本人并没有“见性”，念诵他的偈当然也不能令人“见性”。弘忍的这句话被认为是“托辞”，是欺骗弟子们的话。编《坛经》的南宗僧人是以此来抬高惠能。

【白话】

“其实，五祖早知道神秀还没有真正掌握佛法，还没有正确认识、理解和体验自我的本性。天亮之后，五祖把卢供奉请到寺里，带到南边廊下，准备绘制《楞伽经》的图画。五祖忽然看到墙壁上的偈文，就对卢珍说：‘供奉不必画了，有劳您远道而来，实在抱歉。佛教经典上说：一切有形体相状的东西都是虚幻不真实的。姑且留下这首偈，让人们念诵学习。按照这首偈所讲的来修行，可以避免转生到地狱、饿鬼、畜生等极坏的轮回处所；按照这首偈所讲的来修行，会有很大的收益。’五祖命令徒弟们：对着这首偈燃香，恭敬行礼，诵读这首偈，就可以认识自己的本性。于是弟子们都念诵这首偈，称赞这首偈写得好。

【经文】

“祖三更唤秀入堂，问曰：‘偈是汝作否？’秀言：‘实是秀作，不敢妄求祖位，望和尚慈悲[①]，看弟子有少智慧否？’祖曰：‘汝作此偈，未见本性，只到门外，未入门内，如此见解，觅无上菩提[②]，了不可得。无上菩提，须得言下识自本心，见自本性，不生不灭。于一切时中[③]，念念[④]自见，万法无滞，一真一切真[⑤]，万境自如如[⑥]。如如之心，即是真实。若如是见，即是无上菩提之自性也。汝且去，一两日思惟，更作一偈，将来吾看。汝偈若入得门，付汝衣法。’神秀作礼而出。又经数日，作偈不成，心中恍惚，神思不安，犹如梦中，行坐不乐。

【注释】

① 慈悲：梵文意译，“慈”指能够爱护众生并给予众生欢乐的言行，“悲”指能够怜悯众生并解除众生苦难的言行，慈悲原指佛、菩萨的情感和言行。佛教各派对慈和悲有不同的分类和解释。在中国佛教典籍中，往往慈悲合用，泛指一切人有利于众生的活动。此处的“慈悲”正是在这个意义上使用的。“望和尚慈悲”，犹言“请和尚以慈悲为怀”。

② 无上菩提：至高无上的觉悟，对佛教真理的彻底觉悟，据说获得这种觉悟就不会再退转和丧失。在这里，“无上菩提”与“明心见性”、“成佛”的意思一致。

③ 一切时中：指过去、现在和将来的一切时间，与“时时刻刻”的意思大体相近。

④ 念念：佛教认为，事物和现象变化之迅速，莫过于人的心念的起灭，所以用“念念”来表示极短暂的时间，与“刹那”的意思近似。在这里，“念念”还可以理解为前后相续的念头，即人们的心理活动过程。

⑤ 一真一切真：“一真”，独一无二的真实，指佛教所认识的绝对真理。这里指人的自我本性。如果从佛教绝对真理的方面着眼，就能发现一切虚妄的现象中有不虚妄的真实性，如果人们念念自见本性的真实，那么一切就都不是虚妄的了，就都是真实的。这就是“一真一切真”。

⑥ 万境自如如：“境”，相对于认识主体而言的认识对象，依据人们认识器官的不同，境也有相应的分类，“万境”概指能为人们感觉器官和思维器官所认识的一切事物或现象。“如如”指事物或现象的永恒不变、平等无差别的真实性质。“万境自如如”，万事万物都真实、平等、没有分别。禅宗常借用月亮和月影来比喻真如与万境的关系。天空只有一个月亮，那是唯一的真如本性，千条江河中映印的月，那是万事万物（万境），月影有变化，然而变化之中又蕴含着

不变的月亮。

【白话】

“夜晚三更时分，五祖叫神秀来到讲经堂，问道：‘那首偈是你作的吗？’神秀回答：‘的确是我作的。我之所以作此偈，不敢奢望获得第六代祖师的位置，只希望师父以慈悲为怀，审查衡量弟子是否还有一点智慧。’五祖说：‘从你作的这首偈来看，你还没有认识自己的本性，你还是个门外汉，还没有真正入门，凭你这样的认识水平和理解程度，想获得至高无上的觉悟，那是不可能的。所谓至高无上的觉悟，应该在言谈之间立即认识和体验自己的本心或本性，明白自己的本心或本性原本没有生成，也没有毁灭。在任何时候，在瞬间即逝的每一个念头中，都要保持这种认识和体验。懂得一切事物和现象都是相互融通的，都不会相互滞碍而格格不入。由于本性的真实，一切事物和现象就都具有真实性，各种认识对象都有同一性。这种对一切不作区分，始终宁静的心体即是真实的。如果有了这样的认识，就是至高无上的觉悟本性。你先回去，仔细思考一两天，重新作一首偈，拿来让我看看。如果你新作的偈能反映你认识了本性，我就把衣钵和教法传给你。’神秀向五祖行礼之后退了出来。又过了几天，神秀不能作出新偈，精神恍惚，心中忐忑不安，老像处于梦境一般，或行或坐总是闷闷不乐，郁郁寡欢。

【经文】

“复两日，有一童子①于碓坊②过，唱诵其偈。惠能一闻，便知此偈未见本性。虽未蒙教授，早识大意③。遂问童子曰：‘诵者何偈？’童子曰：‘尔这獦獠，不知大师言：世人生死事大，欲得传付衣法，令门人作偈来看，若悟人意，即付衣法，为第六祖。神秀上座于南廊壁上书《无相偈》，大师令人皆诵，依此偈修，免

堕恶道；依此偈修，有大利益。’惠能曰：‘上人[4]，我此踏碓八个余月，未曾行到堂前。望上人引至偈前礼拜。’

【注释】

① 童子：对寺院中尚未正式出家的青少年的称呼。

② 碓坊：舂米的房子。

③ 早识大意：指惠能已经理解了神秀所作偈的基本思想。

④ 上人：原指有过失而能自己改正的人，用于对高僧大德或自己师长的称呼，后来逐渐成为对出家僧人的尊称。此处“上人”是惠能称那位童子。

【白话】

“又过了两天，有一位童子嘴里念诵着神秀所作的偈，从碓坊旁边走过。惠能一听，就知道作这首偈的人还没有认识本性，虽然他没有经人指导，却理解了这首偈的基本思想。于是，惠能就问童子：‘你念诵的是什么偈？’童子说：‘你这个蛮夷之人，怎么还不知道，五祖大师曾说，世人沉沦生死轮回是亟待解决的最大问题，五祖他想要传衣付法，所以让弟子们各作偈颂呈交上去。如果谁能理解真正佛法的基本思想，就把衣和法传给他，让他成为第六代祖师。神秀上座作了首《无相偈》，写在南廊墙壁上。五祖大师让大家都念诵这首偈，如果依据这首偈讲的修行，就可以避免转生到极坏的轮回场所，如果按照这首偈讲的修行，就会大有收益。’惠能说：‘上人，我在这里踏碓舂米八个多月了，从来没到讲经堂前去过。请上人带我到那首偈前，行礼致敬。’

【经文】

“童子引至偈前礼拜。惠能曰：‘惠能不识字，请上人为读。’时有江州别驾[1]姓张名日用，便高声读。惠能闻已，遂言：‘亦有一偈，望别驾为书。’别驾言：‘汝亦作偈，其事希有。’惠能向别驾言：‘欲学无上菩提，不得轻于初学。下下人有上上智，上上人有没意智②。若轻人，即有无量无边③罪。’别驾言：‘汝但诵偈，吾为汝书。汝若得法，先须度④吾，勿忘此言。’惠能偈曰：菩提本无树⑤，明镜亦非台⑥，本来无一物，何处惹尘埃⑦？书此偈已，徒众总惊，无不嗟讶，各相谓言：‘奇哉！不得以貌取人，何得多时使他肉身菩萨⑧。’祖见众人惊怪，恐人损害，遂将鞋擦了偈，曰：‘亦未见性。’众以为然。

【注释】

①江州别驾：江州故治在今江西九江，别驾是官名，为刺史的佐吏。

②没意智：相当于说没有智慧，智慧被埋没，十分愚蠢。

③无量无边："无量"指数量多得不能计算，"无边"指面积大得没有边际。

④度：与"渡"同。指渡过生死轮回的苦海而达到解脱的彼岸。以渡江河为喻。"度"有"拯救"的意思。

⑤菩提本无树：强调觉悟的本性不像菩提树那样是可见有形体的。

⑥明镜亦非台：强调本心也是没有可以拂拭的形体。

⑦何处惹尘埃：既然本心和本性都不是可见有形的实体，那么尘埃（喻世俗的错误思想）也就无处附着。惠能的这首偈完全是针对神秀的偈而作的。尽管神秀的偈大体能够反映北宗禅法的基本特点，但那首偈是神秀本人所作，还是南宗僧人为给惠能树立批判对象而伪作，仍是一个疑点。惠能这首偈的中心，是论证本心或本性是"无相"的。

⑧肉身菩萨："菩萨"是梵文音译（菩提萨）略称，指按照大乘佛教教义修行，能够于未来成佛的修行者，有些著名的僧人和居士

被尊称为菩萨。“肉身菩萨”，指以父母所生的身体而达到菩萨修行阶位的人。

【白话】

“童子把惠能领到偈前，行礼致敬。惠能说：‘我不认识字，请上人给我念一遍。’这时，江州别驾张日用就为惠能高声朗读偈文。惠能听过之后，对张日用说：‘我也作了一首偈，请别驾为我写出来。’别驾说：‘你居然也能作偈，真是件希罕事。’惠能对别驾说：‘想要学习至高无上的觉悟之道，就不应该轻视初学者。地位低的人会有超常的智慧，高贵的人也会异常愚蠢。如果轻蔑别人，那罪过就大得无法计算。’别驾说：‘只要你念出偈来，我就替你写上。如果你真的获得佛法正传，一定要先把我从生死苦海中拯救出来，千万不要忘记了这句话。’惠能的偈是：人的觉悟本性并不像一棵菩提树，先天纯洁清净的心也并不如同镜子，原本就没有一种有形体的东西，又能在哪里沾染上尘埃？张日用把这首偈写在南廊墙壁上之后，众多弟子们看了惊诧不已，纷纷发出感叹，相互议论：‘真是希奇的事，的确人不可貌相，他初来乍到，投到五祖门下没有多长时间，就成了肉身菩萨。’五祖见大家看过偈以后都十分震惊，唯恐会有人伤害惠能，就脱下鞋来，用鞋底把偈文擦掉，并对弟子们说：‘这首偈也不怎么样，也没有认识本性。’大家都相信了五祖的话。

【经文】

“次日，祖潜至碓坊，见能腰石舂米①，语曰：‘求道之人，为法忘躯，当如是乎！’乃问曰：‘米熟也未？’惠能曰：‘米熟久矣，犹欠筛在②。’祖以杖击碓三下③而去。惠能即会祖意，三鼓入室。祖以袈裟④遮围，不令人见，为说《金刚经》。至‘应无所住而生其心’⑤，惠能言下大悟⑥：‘一切万法⑦，不离自性’。遂启祖言:‘何期自性，本自清净；何期自性，本不生灭；何期自性，本自具足；何期自性，本无动摇；何期自性，能生万法[8]’。

【注释】

①腰石舂米：腰间绑一块石头增加身体重量，以便踏动舂米碓。

②米熟久矣，犹欠筛在：弘忍和惠能的这个问答，都是双关语。弘忍明里问“米舂好了没有”，暗里问惠能“证悟了没有”。惠能的回答表面上是说“米已经舂好了，还需要再筛一下。”实际意思是“我已经悟了，不过还需要大师的验证和肯定”。禅僧师徒使用被称为“机语”的隐语、谜语之类教学，在惠能时代还不是普遍现象。禅宗界打哑谜成风、机锋棒喝盛行，在惠能之后才出现。《坛经》中记载的诸如此类的问答，显系后来加入的。

③祖以杖击碓三下而去：弘忍以此暗示惠能三更相见。

④袈裟：梵文音译，字面意思是“不正色”、“坏色”，指僧人的法衣。佛教认为青黄赤白黑是五种“正色”，僧人的衣服是由杂色而制成，所以因色名衣。

⑤应无所住而生其心：语出《金刚经》。外在的一切事物或现象都是虚幻的，如果自心迷恋执着于这些虚假的事物或现象，那就是错误的，如果对一切事物和现象都不迷恋执着（无所住），就是智慧的体现。禅宗认为，正是在这种对外在事物或现象都不迷恋执着的心理状态下，自我的本心和本性才能显现。

⑥悟：禅宗最喜欢谈“悟”，为佛教其它派别所不及。大体说来，禅宗所讲的悟有四层含义。其一，悟是对禅宗教义的认识和理解。其二，悟是对明心见性禅境的直观体验，这种直观体验的心理状况不能用语言来确切描述，并且只有在排除了知性思维之后才能获得。以后禅宗僧人把前一种称为“解悟”，把后一种称为“证悟”。其三，悟是明心见性的标志，是成佛的标志，所以参禅僧人必须“以悟为则”，各种禅学形式也都把使人“悟”作为目的。但是，悟作为一种预设的主观目的，又不能去执意追求，如果在参禅过程中追求悟，

这种追求悟的心念反而有碍于悟。所以，悟是在不受主观意志支配下自然出现的。其四，悟不仅要解决思想认识和禅境体验问题。还要解决人们在现实世界中的实践问题，悟的过程是无法确切描述的，但一位参禅僧人是否证悟，又要通过自己的一言一行、一举一动表现出来。他们的一言一行、一举一动本身并不是悟，但悟义体现在他们的一言一行、一举一动之中。所以，要衡量悟与不悟，必须有一个透过现象看本质的过程。《坛经》讲“悟”的地方非常多，大体不出这四个方面的含义，但侧重点又各不相同。我们的译文依据其侧重点不同灵活处理。

⑦万法：“法”是梵文意译，音译“达磨”、“达摩”等。在佛教典籍中，“法”的用法很多，基本含义有两种，其一是指佛教教义，称“佛法”等。其二指事物和现象，可以特指某一事物和现象，如“色法”、“心法”等，也可以泛指一切事物和现象。“万法”包括一切物质和精神现象。

⑧何期自性，能生万法，以上记述惠能在听到“应无所住而生其心”一句下“大悟”，但是，惠能悟后所陈述的见解，与《金刚经》中那一句所表达的意思完全不同。

【白话】

“第二天，五祖悄悄来到碓坊，看到惠能腰间拴着一块石头，费力地舂米，便对惠能说：‘按照佛教的教诲修行的人，为了佛法而甘愿献身，应该如此啊！’于是，五祖问道：‘米舂好了没有？’惠能回答：‘米早已舂好了，不过还需要筛一下。’五祖听后没吭声，用柱杖敲击石碓三下，随即离去。惠能立刻明白了五祖的用意，等到晚上三更时分，悄悄走进方丈室谒见五祖。五祖用袈裟遮住灯光，不让别人看见，然后给惠能讲解《金刚经》。在讲到‘应无所住而生其心’一句时，惠能马上明白了‘一切事物和现象都离不开人的自我本性’的道理，于是，惠能禀告五祖：‘想不到自我的本性先天纯真洁净，想不到自我的本性没有生成和毁灭的各种变化，想不到自我的本性先天就蕴含一切而没有缺损，想不到自我的本性原来不起任何波动而永恒宁静，想不到自我的本性中能够产生出一切事物和现象！’

【经文】

“祖知悟本性，谓惠能曰：‘不识本心，学法无益；若识自本心，见自本性，即名丈夫①、天人师②、佛。’三更受法，人尽不知，便传顿教③及衣钵④云：‘汝为第六代祖，善自护念，广度有情⑤，流布将来，无令断绝。听吾偈曰：有情来下种⑥，因地果还生⑦。无情即无种⑧，无性亦无生⑨。’

【注释】

① 丈夫：此处的“丈夫”是“调御丈夫”的简称，为佛陀的十大尊号之一。

② 天人师：天神与人的共同导师，为佛陀的十大尊号之一。此处使用“丈夫”、“天人师”和“佛”三个名称，意思相同。

③ 顿教：顿悟成佛的教法。指无须经过长期修行实践，一旦认识和体验了自我的本心，就能瞬间成佛。“顿教”是以后惠能弟子们对南宗禅法的称谓。

④ 衣钵：衣指袈裟，钵是出家僧人接受施舍食物的器具。

⑤ 有情：也称“有情众生”，佛教对包括人在内的一切有情识的生物的通称。这里的“有情”特指人。《坛经》中的“有情”一般都是在这个意义上使用的，以下不再注出。

⑥ 有情来下种：“下种”比喻有情众生心中已播下成佛的种子。种子是梵文意译，按照印度瑜伽行派和中国唯识宗的教义，以植物的种子能够结出相应的果实，比喻“阿赖耶识”中储藏着产生世界各种现象的精神种子。这里的“下种”指成佛的依据。

⑦ 因地果还生：正是由于有情众生心田中有成佛的种子，所以

必然会结出成佛的果实。

⑧ 无情即无种:“无情”即“无情众生”,与“有情众生”相对,指草木、土石等等。它们没有一切精神活动,也就没有成佛的种子。

⑨ 无性亦无生:无情众生没有佛性,没有成佛的内在依据,所以它们没有成佛的希望。

【白话】

“听了这番话,五祖知道惠能已经彻底认识了本性,就对惠能说:‘如果不认识自己的本心,即使学习佛法也不会有什么益处。如果认识了自我的本心或本性,就可以被称为大丈夫,被称为天神和世人的导师,被称为佛。’五祖在三更时给惠能传授教法,没有一个人知道。于是五祖又把顿教教义以及本宗的衣钵传给惠能,并说:‘你已经成为第六代祖师,应该竭诚维护教法衣钵,广泛拯救一切有情众生,使本门的教法永远流传下去,不要使它中断失传。请听我的偈颂:有精神活动的芸芸众生心中播下了成佛的种子,成佛的种子会在众生的心中萌芽,生长、结出佛果。没有精神活动的众生就没有成佛的种子,由于它们没有成佛的内在根据,就都成不了佛。’

【经文】

“祖复曰:‘昔达磨大师①,初来此土,人未之信,故传此衣,以为信体,代代相承。法则以心传心②,皆令自悟自解。自古佛佛惟传本体,师师密付本心。衣为争端,止汝勿传。若传此衣,命如悬丝③。汝须速去,恐人害汝。’惠能启曰:‘向甚处去?’祖云:‘逢怀则止,遇会则藏④’。

【注释】

① 达磨大师:指被奉为禅宗初祖的菩提达磨。相传菩提达磨

（早期写作“摩”）是南天竺僧人，属婆罗门种姓。南朝宋末航海到达广州，后来北行至北魏，在洛阳、嵩山等地游历，并传授禅法。他曾在嵩山少林寺隐修达九年。慧可曾随菩提达磨习禅，成为他的弟子，以后被奉为禅宗二祖。菩提达磨重视四卷本的《楞伽经》，以此经传授弟子慧可。他主要提出了“二入四行”的禅学理论。在菩提达磨生前，他的禅学并没有产生多大的影响，他本人也不太有名。随着禅宗在道信和弘忍时代兴起后，关于菩提达磨的神话传说就越来越多了。

② 以心传心：这是禅宗提出的最响亮的口号之一。所传授的是佛心，而佛心又是每个人都具有的自我本心，所以禅僧们常以没有什么可传授来解释“以心传心”。这是强调让人们去自证自悟，不要指望从佛祖那里接受什么东西。“以心传心”大体可以理解为心与心的交流、感应和沟通。

③ 命如悬丝：比喻时时刻刻都有生命危险。禅宗僧人为了争夺传法继承人的位置明争暗斗，不惜采用各种手段，也的确是事实。但是，《坛经》也有意夸张了这种争斗的残酷性，这当然是为了抬高惠能。

④ 逢怀则止，遇会则藏：这是谶语，也称为“悬记”，是预言将来要发生的事件。“怀”指怀集县，在今广西。“会”指四会县，在今广东。这是暗示惠能以后活动于两广地区。

【白话】

“五祖又说：‘当年达磨大师从印度刚到中国传播佛法，人们都不相信他的说教，所以要把袈裟作为真传的信物，历代承袭下来，顿教佛法是心与心的交流、感应和沟通，让人们自己去理解，体验和省悟。自古以来，诸佛只是传授人的本性或本心，历代祖师只是秘密咐嘱人的本性或本心，所传承的袈裟会引起争夺祸患，因此传到你就为止，不要再传给后代了。如果传承这件袈裟，时时刻刻都会招来杀身之祸。你必须马上离开这里，恐怕有人要加害于你。’惠能问：‘我往什么地方去呢？’五祖说：碰到带‘怀’字的地方就停留下来，遇见带‘会’字的地方就隐居起来。

【经文】

“惠能三更领得衣钵，云：‘能本是南中人①，素不知此山路，如何出得江口？’五祖言：‘汝不须忧，吾自送汝。’祖相送至九江驿②。祖令上船，五祖把橹自摇。惠能言：‘请和尚坐，弟子合摇橹。’祖云：‘合是吾渡③汝。’惠能云：‘迷时师度，悟了自度，度名虽一，用处不同。惠能生在边方，语音不正，蒙师传法，今已得悟。只合自性自度。’祖云：‘如是如是，以后佛法由汝大行。汝去三年，吾方逝世。汝今好去，努力向南。不宜速说，佛法难起。’

【注释】

① 南中人：犹言岭南人。

② 九江驿：在今江西九江。

③ 渡：在这里和“度”通用。在早期佛教经典中，有描写释迦牟尼以渡河比喻渡过生死苦海的故事。弘忍和惠能的这一大段对话，显系后代禅僧模仿佛经故事编造出来的，不同之处仅在于加入了讲说禅宗的教义。无论是宗宝重编的《坛经》还是成书较早的敦煌本《坛经》，就历史事实方面而言，可信程度是很有限的。

【白话】

“惠能于夜半三更接受了衣钵，对五祖说：‘惠能原本是岭南人，平时不熟悉这里的山路，怎么能走出大山到达江口呢？’五祖说：‘你不必担忧，我亲自送你走。’五祖一直把惠能送到九江驿。五祖让惠能上船之后，亲自摇橹开船。惠能说：‘师父，请坐下，应该由弟子来摇橹。’五祖说：‘应该由我渡你到达对岸。’惠能说：‘在处于愚迷之时，应该由师父开导、指示，自然是师父度弟子，等到弟子认识了自我的本性，不再愚昧无知了，就应该自己渡（度）自己了。同样称为‘度’，但师父度弟子和弟子自己度自己，其作用功效是不同的。惠能生长在边远地区，说话语音不纯正，承蒙师父传授我真正的教法，我现在已经开发了自己的智慧，认识了佛教的真理，应该以自我的本性拯救自己。’五祖说：‘很对，很对，以后佛的教法要由你来发扬光大，盛行于世间。你离开我三年之后，我才会离开人世。你要多保重，一直往南方走。不要过早地向人们宣讲教义。要使佛法兴盛起来，不是一件轻而易举的事，充满着艰难险阻。’

【经文】

“惠能辞违祖已，发足南行。两月中间，至大庾岭[①]。逐后数百人来，欲夺衣钵。一僧俗姓陈，名惠明[②]，先是四品将军，性行粗糙，极意参寻[③]。为众人先，趁及惠能，惠能掷下衣钵于石上，云：‘此衣表信，可力争耶？’能隐草莽中。惠明至，提掇不动[④]，乃唤云：‘行者[⑤]，行者，我为法来，不为衣来。’惠能遂出，坐盘石上。惠明作礼云：‘望行者为我说法。’惠能云：‘汝既为法而来，可屏息诸缘，勿生一念[⑥]，吾为汝说。’明良久，惠能云：‘不思善，不思恶，正与么时，那个是明上座本来面目[⑦]？’惠明言下大悟。复问云：‘上来密语密意[⑧]外，还更有密意否？’惠能云：‘与汝说者，即非密也。汝若返照，密在汝边。’明曰：‘惠明虽在黄梅，实未省自己面目[⑨]。今蒙指示，如人饮水，冷暖自知。今行者即惠明师也。’惠能曰：‘汝若如是，吾与汝同师黄梅。善自护念。’明又问：‘惠明今后向甚处去？’惠能曰：‘逢袁则止，遇蒙则居。[⑩]’明礼辞。

【注释】

①大庾岭：在今江西大庾县和广东南雄县的分界处。

②惠明:《宋高僧传》记，惠明俗姓陈，鄱阳人，是陈宣帝之孙。

③极意参寻：即费尽心机追踪寻找。

④提掇不动：上文讲惠明出身行伍，身强力壮，接下去又说惠明居然拿不起一件僧衣，当然是为了渲染禅宗的传僧衣的神圣。

⑤行者：惠能当时还没有正式出家，所以被称为行者。

⑥屏息诸缘，勿生一念：“诸缘”指人心所追求、迷恋的一切现象，“屏息诸缘”有排除一切杂念的意思。“勿生一念”，不是要求什么都不想，而是要求不起向外追求的念头。

⑦不思善，不思恶，正与么时，那个是明上座本来面目：“正与么时”，意为“正在这个时候”，“正当此时”。“上座”，这里不是指僧职，而是惠能对惠明的尊称。“本来面目”，指人的本心或本性。这一句以后成为禅僧们参究的有名的“话头”。禅僧们认为，不需要对这句问话作解释，只要通过直观参究就可以证悟。这种参究话头的方式被称为“看活禅”。从南宋初年开始盛行。以“本来面目’来暗指人的本心或本性，在惠能时代还不可能出现。

⑧从上密语密意：“从上”，从前代佛祖以来。“密意”，不直接了当说出佛的意思，有所掩饰。“密语”，根据密意所讲的话。

⑨实未省自己面目：“自己面目”，即“自己的本来面目”，指自我的本心。

⑩逢袁则止，遇蒙则居：这句话也是谶语，“袁”指袁州。“蒙”指袁州蒙山，在今江西宜春。以后惠明就居住此处。

【白话】

“惠能辞别五祖以后，撒腿快步向南边走。经过两个月的跋涉，来到大庾岭。这时，后面有数百人尾随追赶而来，想要夺取衣钵。其中有一位僧人俗姓陈，名叫惠明，出家前曾是四品将军。

此人性情粗暴，极力想找到惠能抢夺衣钵。他跑在众人前面，抢先赶上惠能，惠能把衣钵放在一块石头上，说：‘这件袈裟是传法的信物，怎么能凭武力抢夺呢？’惠能隐藏在草丛之中。惠明走到大石头前，看到衣钵，伸手去拿，竟然拿不起来，于是就大声喊道：‘行者，行者，我是为求得佛法而来，不是为抢夺衣钵而来！’惠能闻听，就从草丛中走出来，坐在一块石头上。惠明向惠能行礼致敬，说：‘请行者为我宣讲佛法。’惠能说：‘你既然是为了获得佛法而来，就请你注意力集中，不要有其它任何想法，不要有一丝一毫的杂念，然后我给你讲佛法。’惠明沉默了很久，以保持心绪的宁静。惠能对他说：‘不要有意识地追求善，不要有意识地追求恶，在保持这种心理状态的时候，哪个是惠明上座的本来面目呢？’惠明听了这番话，豁然省悟。惠明又问道：‘除了以前历代祖师所传授的秘密语言和秘密意旨之外，还有其它的秘密宗旨吗？’惠能说：‘我给你宣讲出来的东西，就不是秘密的了。如果你能凭借智慧返观自己的本心，秘密就都在你那里。’惠明说：‘我虽然在黄梅呆了那么长时间，其实并未认识自己的本来面目。今天承蒙你指导和启发，我现在的体验就像一个人喝了水，那水是冷是热只有喝水的人自己知道。你现在就是我惠明的师父了。’惠能说：‘如果你这样想，我和你就共同以五祖弘忍为师吧。你要好自为之，维护佛法。’惠明又问：‘我以后到什么地方去呢？’惠能告诉他：碰到带‘袁’字的地方就停留下来，遇到带‘蒙’字的地方就居住下来。惠明向惠能行礼，辞别而返。

【经文】

“惠能后至曹溪[①]，又被恶人寻逐，乃于四会避难猎人队中，凡经一十五载。时与猎人随宜说法[②]。猎人常令守网，每见生命尽放之。每至饭时，以菜寄煮肉锅。或问，则对曰：‘但吃肉边菜。’

【注释】

① 曹溪：在今广东韶关市南。由于惠能曾在此处弘教传禅，所以“曹溪”成为禅宗南宗的代称。

② 随宜说法：根据不同情况以及听众的理解能力而灵活宣讲教义。

【白话】

“惠能后来到达曹溪，又被坏人追赶搜寻。于是避难于四会这个地方，混迹于猎人中间这样经过了十五个春夏秋冬。在此期间，惠能时常根据具体情况给猎人们讲佛法。猎人经常让他看守捕捉野兽的网，当惠能看到活着的飞禽走兽落网时，就把它们全部放跑。每到吃饭的时候，惠能总是把野菜放在肉锅里煮。有人问他为什么这样做，惠能就回答：‘我只吃肉锅里的蔬菜而不吃肉。’

【经文】

“一日思惟：‘时当弘法，不可终遁。’遂出至广州法性寺[1]。值印宗法师[2]讲《涅槃经》[3]。时有风吹幡[4]动，一僧曰：‘风动。’一僧曰：‘幡动。’议论不已，惠能进曰：‘不是风动，不是幡动，仁者心动。’一众骇然。印宗延至上席[5]，征诘奥义。见惠能言简理当，不由文字。宗云：‘行者定非常人，久闻黄梅衣法南来，莫是行者否？’惠能曰：‘不敢。’宗于是作礼，告：‘传来衣钵，出示大众。’

【注释】

① 法性寺：在广州，宋以前是乾明、法性二寺，宋朝时合二寺为一，改名法性寺。

② 印宗法师：据《景德传灯录》卷五记载，他是吴郡（今江苏省吴县）人，精通《涅槃经》。唐咸亨元年（670）他抵达京师，敕居天敬爱寺，固辞，往黄梅见弘忍，后到广州法性寺讲《涅槃经》。唐

玄宗先天二年即开元元年（713）逝世。

③《涅槃经》：全称《大般涅槃经》，北凉昙无谶译，四十卷，也称《北本涅槃经》。异译本有东晋法显译的《大般泥洹经》六卷，另有南朝宋慧观与谢灵运等以昙无谶译本为主，对照法显译本改编成《大般涅槃经》三十六卷，称《南本涅槃经》。《涅槃经》主要宣扬佛身常在和"一切众生，悉有佛性"的教义。

④幡：佛教的法物，窄长垂直挂起的旗子。树幡往往用以祈福或表示佛、菩萨的威德。

⑤上席：座位中的第一位。

【白话】

"有一天，惠能心里想：'我应该开始弘扬佛法了，不能再这样继续隐身埋名。于是，惠能辞别猎人们，离开四会，来到广州法性寺。当时正碰上印宗法师在那里宣讲《涅槃经》在讲经期间，偶然有一阵风吹过，旗幡随风飘动起来，这引起僧人们的议论。一位僧人说：'这是风在动。'另一位僧人不同意这种观点，说：'不是风动，而是旗幡在动。'两人意见不统一，争论不休。惠能听到议论，走上前去说：'既不是风在动，也不是旗幡在动，是诸位的心在动。'在场的僧人们听了惠能的话，都十分惊奇。印宗法师请惠能入上座，请教一些深奥难理解的佛教义理，印宗听惠能讲得明白通畅，语言虽不多，道理却正确，便说：'行者一定不是平常人，我早已听说黄梅五祖弘忍的衣法传到了南边，莫非你就是那位传承衣法的人？'惠能说：'这我可不敢当。'印宗法师知道不会错，马上向惠能行礼致敬，并且请求惠能：'把所传承的衣钵拿出来，让大家都看一看。'

【经文】

"宗复问曰：'黄梅付嘱，如何指授？'惠能曰：'指授即无。

惟论见性，不论禅定解脱。’宗曰：‘何不论禅定解脱？’能曰：‘为是二法，不是佛法。佛法是不二之法①。’宗又问：‘如何是佛法不二之法？’惠能曰：‘法师讲《涅槃经》，明佛性是佛法不二之法。如高贵德王菩萨②白佛言：犯四重禁③，作五逆罪④，及一阐提⑤等，当断善根佛性否？佛言：善根有二。一者常⑥，二者无常⑦，佛性非常非无常，是故不断，名为不二；一者善，二者不善，佛性非善非不善，是名不二；蕴之与界⑧，凡夫见二，智者了达其性无二。无二之性，即是佛性。’印宗闻说，欢喜合掌⑨，言：‘某甲⑩讲经犹如瓦砾，仁者论义犹如真金。’于是，为惠能剃发，愿事为师。惠能遂于菩提树下，开‘东山法门’。⑪

【注释】

① 不二之法："不二"也称"无二"或"离两边"，指对一切现象都不加区别的认识，这种认识被认为是反映了佛教的真理。"不二"也作为"真如"、"佛性"的别名。

② 高贵德王菩萨：全称"光明遍照高贵德王菩萨"，《涅槃经》中有关于这个菩萨的描述。

③ 四重禁：指淫、杀、盗、大妄语四戒，犯了这四戒被认为是极严重的罪。

④ 五逆罪：五种大罪。大小乘佛教对此有不同说法。据《俱舍论》卷十七记载，为杀害母亲、杀害父亲、杀害阿罗汉、分离佛教僧团和伤害佛的身体。犯"五逆罪"者据说要坠入地狱受苦。

⑤ 一阐提：指不信仰佛教，不做任何善事的恶人。

⑥ 常：有永恒常在、不发生变化的意思。

⑦ 无常：与"常"相对。指变动不居。佛教历来把无常变化看作是"苦"的表现。

⑧ 蕴之与界："蕴"指"五蕴"；"界"指"十八界"。请参见后文注。

⑨ 合掌：也称“合十”，左右手并拢对合，表示致礼。

⑩ 某甲：可以指他人也可以指自己，这里是指自己。

⑪ 东山法门：“东山”指湖北黄梅县双峰山的冯墓山，其山在县境之东，故名。弘忍曾于此山弘教传禅，故称其禅法为“东山法门”。

【白话】

“印宗法师又问：‘五祖弘忍大师把衣钵传给你时，有什么指示和传授？’惠能说：‘也没有什么指示和传授，只是教导如何认识本性。并没有宣讲通过坐禅习定达到解脱的道理。’印宗法师问：‘为什么不宣讲通过坐禅习定达到解脱的道理呢？’惠能说：‘所谓修禅习定和达到解脱的道理，包含着认为事物和现象有两重划分、彼此不同的思想，这就不是佛法了。佛法是没有两重划分、彼此不同的不二之法？’印宗法师又问：‘什么是佛法的不二之法呢？’惠能回答：‘法师宣讲《涅槃经》，应该知道佛的本性就是佛法的不二之法。例知光明遍照高贵德王菩萨请问佛：有些人犯了杀生、盗窃、邪淫、撒谎的四重禁，犯了杀父亲、杀母亲、杀害阿罗汉、分裂僧团和伤害佛的身体的五逆罪，还有那些不信佛法、不做任何善事而光做坏事的一阐提人，这些人是否断绝了善根、佛性？佛回答：善根有两种，一种是永恒不变易的，一种是转瞬即变易的。佛的本性既不是永恒不变易的，又不是转瞬即变易的，所以这些人成佛的本性是不断绝的。这就叫作不二法门。一是善，一是不善，佛的本性既不是善也不是不善，这就称作不二之法。五蕴和十八界，在凡夫俗子眼中是有区别的两种，但有智慧的人知道它们的本质并无区别。这种没有区别，平等不二的本质，也就是佛的本性。’印宗法师听了这一番话。十分高兴，恭敬地合掌行礼，说：‘我只是讲解经典的文句，就像碎砖头破瓦片一样没有什么价值，可是你论述经典的根本宗旨，就像纯金一样珍贵无比。’于是，印宗法师为惠能落发，并且愿意拜惠能为师。惠能便于菩提树下，宣讲五祖弘忍传下来的佛法。

【经文】

“惠能于东山得法；辛苦受尽，命似悬丝。今日得与使君①、官僚、僧尼道俗同此一会，莫非累劫之缘②，亦是过去生中供养诸佛，同种善根，方始得闻如上顿教得法之因。教是先圣所传，不是惠能自智。愿闻先圣教者，各令净心，闻了各自除疑，如先代圣人无别。”一众闻法，欢喜作礼而退。

【注释】

①使君：这里是尊称韦琚。

②累劫之缘：累积许多劫所结下的缘分。

【白话】

“惠能从黄梅东山弘忍大师那里获得佛法正传，多年来受尽了艰苦磨难，时时刻刻都会有性命之忧。今天能够和韦刺史、诸位官员、诸位男女僧众、诸位信奉道教的人士，以及诸位在家修行的善男信女共同聚会在此地，不是许多劫以来积累的缘分，也是以前许多世供奉诸佛、同修功德善事得到的果报，所以才能听到我宣讲的顿教教法，以及我所获得这些教法的经过。这些教义都是以前历代佛祖传下来的，不是惠能自己的智慧，如果希望听到以前诸佛祖讲说的教义，就要先使自己的内心清净。听了这些佛法之后，要各自消除心中的疑惑，这样就和历代佛祖没有什么区别了。”大家听了惠能所宣讲的教法，十分高兴，行礼之后各自散去。

般若第二

【经文】

次日，韦使君请益[①]。师升座，告大众曰："总净心[②]念摩诃般若波罗密多[③]。"复云："善知识，菩提般若之智，世人本自有之，只缘心迷[④]，不能自悟，须假大善知识示导[⑤]见性。当知：愚人智人，佛性本无差别；只缘迷悟不同，所以有愚有智。吾今为说摩诃般若波罗密法[⑥]，使汝等各得智慧。志心谛听[⑦]，吾为汝说。

【注释】

① 请益：已经领受教诲，还有不理解的问题，进一步再请教，称为"请益"。据《百丈清规》记载，向寺院中的住持请益有一定的程序。但是在惠能时代还没有这些规定。

② 净心：指消除心中的杂念，精神专一，注意力集中。"净心"与"澄心"含义近似。

③ 摩诃般若波罗密多：也称"摩诃般若波罗密"，请参见注⑥。

④ 心迷：迷失本性，不知道自己先天就具有般若智慧。

⑤ 示导：佛教讲的示导一般分为三种，即神变示导、记说示导和教诫示导。这里的"示导"特指宣讲禅宗的教义而启发人们明见本性。

⑥ 摩诃般若波罗密法："摩诃般若波罗密"是梵文音译词，"摩诃"是"大"的意思，"般若"是"智慧"的意思，"波罗密"是"到彼岸"的意思，有终极、彻底的含义。"摩诃般若波罗密法"，有"达到最终解脱的大智慧教法"的含义。当然这不是指传统佛教的般若

学，而是指惠能所宣讲的禅宗教义。

⑦志心谛听："志心"即专心致志、聚精会神，"谛听"即倾听、认真听。

【白话】

第二天，韦刺史又来向惠能大师请教。惠能大师就座后，对大家说："请诸位注意力集中，排除任何杂念，聚精会神地念诵'摩诃般若波罗密多'。"然后接着说："善知识，觉悟佛道的般若智慧，是世间每个人先天就具有的，只是由于人们陷入蒙昧愚痴的状态，才不能清醒地认识到这一点。他们必须凭借道德高尚、知识渊博、富有智慧的人来指教和开导，才能正确认识自己的本性。应该懂得，无论愚昧无知的人还是富有智慧的人，他们先天具有的成佛的本性并没有任何差别，只因为有的人不认识自我的本性而愚昧无知，有的人理解自我的本性而认识清醒，所以才有愚人和智人的区别。我现在要向诸位宣讲摩诃般若波罗密的教义，使大家都获得真正的智慧。请诸位注意听，我为你们讲说。

【经文】

"善知识，世人终日口念般若，不识自性般若，犹如说食不饱。口但说空[①]，万劫[②]不得见性，终无有益。善知识，摩诃般若波罗密是梵语[③]，此言'大智慧到彼岸'。此须心行[④]，不在口念。口念心不行[⑤]，如幻如化[⑥]，如露如电[⑦]。口念心行，则心口相应[⑧]。本性是佛，离性无别佛。何名摩诃？摩诃是大，心量广大，犹如虚空，无有边畔，亦无方圆大小，亦非青黄赤白，亦无上下长短，亦无瞋无喜，无是无非，无善无恶，无头无尾。诸佛刹土[⑨]，尽同虚空。世人妙性本空，无有一法可得[⑩]。自性真空，亦复如是。

【注释】

① 空：梵文意译，音译“舜若”。这是最重要的佛教哲学概念之一。“空”并不是指一无所有，而是指事物和现象的虚幻不真实。在佛教看来，世间一切事物和现象都是由各种因素所组成，依据各种条件而存在，自身没有质的规定性，不是永恒常在的独立实体，所以是“空”。佛教各派曾从不同的方面来讲“空”，讲事物和现象的虚幻不实。另外，“空”不仅是对现实世界的否定，也是对佛教宣扬的彼岸世界的肯定。“空”也用于指本体的空寂明净。《坛经》中所讲的“空”，则兼有这两方面的含义，《坛经》是通过“空”来论证人的本性具足一切而又无一法可得，从而强调自证自悟的教义。

② 劫：梵文音译“劫波”之略，指非常长久的时间，此处的“万劫不得见性”，可理解为“永远不得见性”。

③ 梵语：古印度的一种语言，相传从大神梵天那里承袭而来，故名。

④ 心行：指心中念念不忘，时时刻刻认识和体验这种“空”的境界。

⑤ 口念心不行：指只是在嘴上说“空”，心里并不去想，并不从内心体验这种“空”的境界。

⑥ 如幻如化：古印度人把魔术师变出来的东西称为“幻”，把神仙用所谓神通力变化出来的东西称为“化”。佛教接受了这种说法，并认为“幻”、“化”出来的东西都是虚假不真实的。但愚昧的人不理解，以为眼睛看到的，耳朵听到的，都是真实的。这里的“如幻如化”可理解为“虚假不真实”。

⑦ 如露如电：以朝露的很快消失和闪电的瞬间即逝来比喻生灭变化的迅速。

⑧ 相应：契合的意思。

⑨ 刹土：梵文音意合译词，意为国土，疆域。

⑩ 世人妙性本空，无有一法可得：人的本性如同虚空一样，但它又是惟一的真实。除了本心本性之外，其它都是虚假的，所以不

能获得任何东西。如果有所获得，那所获取的东西都是虚假的。另外，具有“空”的特征的本性又具足一切，不需要再有所增加，所以，人也不能再获得任何东西。这就是所谓“世人妙性本空，无有一法可得”的道理。

【白话】

“善知识，世人一天到晚在口头上念诵般若，但他们没有认识到般若智慧就存在于自己的本性之中，这就像整天念食物名称而不能充饥饱腹一样，只在嘴上念叨空，就是花费一万劫的时间，也不能正确认识自我的本性，到头来还是毫无益处。善知识，摩诃般若波罗密是梵语，翻译成汉语，就是‘凭借伟大的智慧到达解脱的彼岸’。这需要思想上认识，念念不忘，时时体验，不能仅仅停留在口头念诵上。如果只是嘴里念诵，内心并无认识，那就是虚假不真实的，那就会像朝露一样很快消失，像闪电一样转瞬即逝。如果嘴里念诵，内心又念念不忘，时时刻刻有所体验，这就是心和口相应契合。人的本性就是佛，离开自我的本性就没有其它什么佛。什么叫摩诃呢？摩诃是大的意思。人的心量非常大，就像广阔的空间一样没有边际，没有或方或圆、或大或小的形状，也没有或青或黄、或红或白的颜色，也没有或上或下的方位，也没有或长或短的尺度，也没有或愤怒或欢喜的情感，没有或是或非、或善或恶的道德标准，没有或头或尾的尊卑区分。诸佛的疆域，就和这虚空境界一样。世人先天具有的灵妙本性也是空的，没有任何东西可以获得。自我本性是真正的空寂，与上面所叙述的并没有什么不同。

【经文】

“善知识，莫闻吾说空，便即著空[①]。第一莫著空，若空心[②]静坐，即著‘无记空’[③]。善知识，世界虚空，能含万物色像，日月星宿、山河大地、泉源溪涧、草木丛林、恶人善人、恶法善法、天堂④地狱⑤、一切大海、须弥诸山⑥，总在空中。世人性空，亦复如是⑦。

【注释】

①著空：执着、追求“空”，把“空”作为最高境界的认识。

②空心：即什么都不想，百无所思。

③无记空：虽然对于或善或恶没有区别，但又不是自我本心的显现，这种境界被称为“无记空”。

④天堂：天上的宫殿，可以理解为指六道轮回中的天界。佛教认为行善的人可以转生到天界，在那里享受各种福报。

⑤地狱：梵文，亦译“不乐”，“可厌”。佛教的地狱指恶人死后的去处。地狱有不同的分类，如八大地狱，八寒地狱，十六小地狱等等。佛教经典详细描写在各种地狱中众生所受的苦难，以警告世人止恶修善。

⑥须弥诸山：“须弥山”梵文音译，亦译“修迷卢”、“须弥楼”、“苏迷卢”等，意译“妙高”、“妙光”等，须弥山是古代印度神话中的山名，为佛教所采用。据说此山高达八万四千由旬（一由旬为三十里或四十里），山顶上住着帝释天，四面山腰住着四天王天，这是佛教描写的天上情景。“须弥诸山”即指佛教所说的各个“世界”的须弥山。一般以须弥山比喻十分庞大。

⑦世人性空，亦复如是：一方面，人的本性是虚空没有任何可见的形状；另一方面，人的本性中又包含了一切。

【白话】

“善知识，不要听到我这样强调空，就把空作为追求的目的。最重要的是不要追求空，如果静坐下来，什么都不想，并以此为最高境界，就落入虽然无善恶分别但又虚妄的‘无记空’。善知识，整个世界是空，却能够包含万事万物、各种现象。日月星辰，山河大地，泉源溪涧，草木丛林，好人坏人，善的东西和恶的东西，天堂地狱，所有的海洋，所有的须弥山，都毫无例外地存在于虚空之中。世人本性的虚空，也是这样。

【经文】

“善知识，自性能含万法是大，万法在诸人性中。若见一切人，恶之与善，尽皆不取不舍①，亦不染著②，心如虚空，名之为大，故曰摩诃。善知识，迷人口说，智者心行。又有迷人，空心静坐，百无所思，自称为大。此一辈人，不可与语，为邪见③故。

【注释】

① 不取不舍：既不爱好而要求获得，也不厌恶而力图摒弃。

② 亦不染著：“染著”即爱欲之心。“亦不染著”，指对或善或恶都不追求和仿效。《坛经》在这里所宣扬的，就是没有任何是非善恶观念。对眼前发生的一切都采取无所谓的态度。对现实社会中的一切都麻木不仁，正是这种心理状态的显著特征。

③ 邪见：错误的见解，即不符合佛教教义的观点。这里是指不符合惠能思想的观点。

【白话】

“善知识，人的本性能够包含一切事物和现象，这就是大，一切事物和现象都存在于每个人的本性之中。如果我们看到一切人或善或恶的行为时，不产生喜欢或厌恶的情感，没有仿效或禁止的想法，其心如虚空一样能够兼容并蓄，这就叫做大，所以说是摩诃。善知识，愚昧无知的人是口头上这样说，富有智慧的人能够在内心体验。还有些愚迷蒙昧的人，静坐下来追求内心的空寂体验，什么都不思考，自称这就是大。不能和这些人谈论，因为他们的思想和见解是错误的。

【经文】

“善知识，心量广大，遍周法界[①]，用即了了分明。应用便知一切。一切即一,一即一切[②]，去来自由，心体无滞，即是般若。善知识，一切般若智，皆从自性而生，不从外入。莫错用意，名为真性自用。一真一切真[③]。心量大事[④]，不行小道[⑤]。口莫终日说空，心中不修此行，恰似凡人自称国王，终不可得，非吾弟子。

【注释】

① 法界：梵文意译，音译“达摩驮多”。在佛教经典中，“法界”一词有两个基本含义，其一是泛指一切事物和现象；其二是指事物或现象的本源和本质。就其解脱论意义而言，就是成佛的原因，与真如、实相、本性等概念又有相同的意义。这里的“法界”是在第一种意义上使用的。

② 一切即一,一即一切：这曾是华严宗的一个重要命题，强调一与多可以等同。禅宗吸收了这种观点。这句话的意思是：万事万物（一切）都是由人的心（一）所派生的，而所派生出来的万事万物又都体现着一心，所以在一种事物上把握了心体，那也就是把握了一切事物的本体。所以称“一切即一,一即一切”。

③ 一真一切真：由于独一无二的本性是真实的，那么本性运用的各种表现也就都是真实的。

④ 心量大事：“大事”，禅宗以超脱生死轮回，达到明心见性的成佛为“大事”。“心量大事”，指上面讲的关于“心量”问题，是关系到是否能成佛的大事。

⑤ 不行小道：“小道”指上文批判的“空心静坐”的修行方式。“不行小道”即指明心见性不能通过“空心静坐”的修行来达到。

【白话】

"善知识，心量博大无比，能够包容一切事物和现象。心的功能就在于能够清楚地认识一切事物和现象，如果运用本心来观察，便能理解一切。一切事物和现象就等于单一的本心，单一的本心也就等于一切事物和现象。心的本质就是自由自在，任来任往。没有任何事物和现象能够阻碍它，这就是般若智慧。善知识，任何般若智慧都产生于自我的本性，不是从外部输入的。不要产生错误的思想，这叫做真实本性的自我运用。独一无二的本性是真实不虚妄的，那么本性运用的各种表现也就都是真实的。心量这个关系到明心见性的大事，并不是凭借空心静坐所能解决的。不要整天在口头上念叨空，内心却不认识和体验，就好像小小老百姓整天声称自己是皇帝，实际上他始终当不了皇帝，这样的人不配作我的弟子。

【经文】

"善知识，何名般若？般若者，唐言智慧也。一切处所，一切时中，念念不愚，常行智慧，即是般若行。一念愚即般若绝，一念智即般若生①。世人愚迷，不见般若。口说般若，心中常愚。常自言：我修般若。念念说空，不识真空。般若无形相②，智慧心即是。若作如是解，即名般若智。

【注释】

①一念智即般若生：这里的"智"指智慧，实际上与"般若"的意思相同。佛教经典上一般是"智慧"连用，有时也分开使用，并赋予"智"和"慧"以不同的含义。一般把认识世俗人所理解的"真理"称为"智"，把认识佛教的终极"真理"称为"慧"。另外，虽然把般若与智慧相等同，中国佛教经典中有时也把两者区别开来，把般若说成是各种智慧中的最高智慧，以强调佛教教义的神圣性。《坛经》

在这里把“智”与“般若”并举，并没有什么显著的差别。

② 般若无形相：“无形相”与“无相”的意思相同，指没有可见的形状，与“有相”相对。佛教一般把摆脱世俗认识所获得的真如实相称为“无相”。“无相”往往与事物和现象的“本性”有相同的含义。“般若无形相”，即般若没有可见的形态，从而强调修习般若行什么也得不到，也不能执意追求，因为般若是人们所具有的智慧之心。

【白话】

“善知识，什么叫做般若？般若的汉文意思是智慧。在任何地方，任何时候，脑海里出现的每一个念头都不是愚昧的，都是智慧的，这就是修行般若的教义。一个愚蠢的念头出现般若就消失了；一个智慧的念头萌发，般若就产生了。世人陷入愚迷蒙昧的状态，不能正确认识般若，口里讲般若，心中却总是愚迷，常常自言自语地说：‘要修行般若教义’。时时都谈论空，却不知道真正的般若空是什么。般若是没有什么形状的，人们的智慧之心就是般若。如果这样来理解，就是般若智慧。

【经文】

“何名波罗密？此是西国语①，唐言到彼岸，解义离生灭②。著境生灭起③，如水有波浪，即名为此岸④；离境无生灭，如水常通流，即名为彼岸⑤，故号波罗密。善知识，迷人⑥口念，当念之时，有妄⑦有非。念念若行，是名真性。悟此法者，是般若法；修此行者，是般若行。不修即凡，一念修行，自身等佛。

【注释】

① 西国语：指古印度的语言。因为古印度在中国的西边，故称“西国”。

②解义离生灭：按“波罗密”所要表达的意思来讲，是脱离了生成和毁灭。广义的“生灭”指一切事物和现象的生成和毁灭，狭义的“生灭”指人的生和死。这里强调的是人的生死轮回过程。

③著境生灭起：“境”指人的感觉和思维器官所感知和认识的对象，可以泛指一切认识对象。“著境生灭起”，由于人们追求一切外在的现象，产生了行为、语言和思想方面的“错误”活动，从而引起生死轮回。

④此岸：指众生轮回的各个境界，一般讲“六道”或“三界”，与超脱生死轮回的所谓“彼岸”相对。

⑤彼岸：指脱离生死轮回的境界，与“此岸”相对。佛教各派对“彼岸”有不同说法。禅宗把明心见性的境界视为“彼岸”，因此，禅宗的解脱彼岸不在遥远的来世，就在现世，就在人们瞬间即可获得的顿悟之中。

⑥迷人：与“愚人”的意思相同，指没有认识自我本性的人，没有理解禅宗的教义并按照禅宗教义修行的人。我们都以“愚昧无知的人”译出。

⑦妄：即虚假不真实，可以理解为妄想或妄念。

【白话】

“什么叫做波罗密？这是西方印度的语言，汉语的意思是到达彼岸，它要表达的教义是离开生，离开死，达到没有生也没有死的解脱彼岸。如果追求尘世间的一切事物和现象，就必然产生了人的生死轮回，就如同水必然要起波浪一样。这种有生有死的处所就叫做此岸，如果离开尘世间的一切事物和现象，就脱离了生与死，就像水畅通流动没有阻滞一样。这种没有生和死的境界就叫做彼岸。所以叫波罗密。善知识，愚昧无知的人总是口里念诵，然而在他们念诵之时，心里总有妄想和是非之念。如果每个念头都相契合，这就是真正的本性。明白了这些道理，就是理解般若教法了。按照这种教法去修行，就是修行般若了。如果不这样来修行，即是愚昧无知、没有脱离生死轮回的凡夫俗子。如果有一个念头是这样的体验，自身即与已经脱离生死苦海的佛相同。

【经文】

"善知识，凡夫即佛，烦恼即菩提。前念迷即凡夫①，后念悟即佛；前念著境即烦恼②，后念离境即菩提。善知识，摩诃般若波罗密，最尊、最上、最第一。无住无往亦无来，三世诸佛③从中出。当用大智慧；打破五蕴④烦恼尘劳。如此修行，定成佛道，变三毒⑤为戒定慧⑥。

【注释】

① 凡夫：与佛对举，指没有明心见性者，没有超脱生死轮回者。

② 烦恼：梵文意译，亦译"惑"，扰乱众生身心使其迷惑的诸种精神作用。这里的"烦恼"可以理解为与明心见性相对立的一切思想和心理状态。

③ 三世诸佛："三世佛"有两种：其一指过去、现在和未来三世佛；过去佛指迦叶佛，现在佛为释迦牟尼佛，未来佛为弥勒佛，这是所谓"竖三世佛"。其二指三个世界的佛：东方净琉璃世界的药师佛，娑婆世界的释迦牟尼佛，西方极乐世界的阿弥陀佛，这是所谓"横三世佛"。这里的"三世诸佛"可以理解为兼具两重含义，概指一切佛。

④ 五蕴：梵文意译，"蕴"有积蓄、类别之意。狭义的"五蕴"指组成人的五种物质要素（色）和精神要素（受、想、行、识），即人的代称。广义的"五蕴"指物质现象（色）和精神现象（其它四蕴）。这里的"五蕴"即是人的代称。

⑤ 三毒：也称“三垢”，指贪、瞋、痴。佛教认为，在各种扰乱众生身心、有碍于众生解脱的一切精神现象中，惟此三种危害最大，是产生其它错误观念和不良情绪的根源。

⑥ 戒定慧：“戒”是梵文的意译，音译“尸罗”，意为“惯行”，转为“行为”，指为出家和在家信徒制定的律规，用以约束僧徒，维护佛教。“定”是梵文意译，也音译为“三昧”等，指精神专注而不散乱。佛教以此作为获得正确认识、掌握佛教真理，体验证悟境界的心理条件之一。“慧”是梵文意译，特指通达佛教教义的“智慧”。佛教以戒定慧三种学问来概括其全部修行理论和实践。

【白话】

“善知识，凡夫与佛本性相同，错误的思想和不良的情绪与觉悟佛道可以沟通。如果前一个念头是愚昧的，那就是没有超脱生死轮回的凡夫；如果后一个念头是智慧的，那就是超脱生死轮回的佛；如果前一个念头追求尘世间的事物和现象，那就是错误的思想；如果后一个念头脱离了世俗的谬见，那就是觉悟了佛道。善知识，摩诃般若波罗密是至高无上的，是最尊贵的，是第一位的。无论什么时候，过去、现在和未来的一切佛，都是从这里产生出来的。应该运用这种伟大的智慧，消除自己那些有碍于觉悟的错误思想和不良情感。这样修行，一定能够实现佛道，使贪婪、嗔恚、愚痴三毒变成戒、定、慧三学。

【经文】

“善知识，我此法门①，从一般若生八万四千②智慧。何以故？为世人有八万四千尘劳③。若无尘劳，智慧常现，不离自性。悟此法者，即是无念。无忆无著，不起诳妄，用自真如性，以智慧观照④，于一切法不取不舍，即是见性成佛道。

【注释】

① 法门：按照佛教教法修行而获得修行成果的门户。这里的“法门”是指按禅宗教法修行而获得明心见性的门户。在大多数场合，“法门”可以简单地理解为禅宗的教法或教义。

② 八万四千：这是佛教经典上常用的数字，并非实数，而是比喻数量之多，数目之大。

③ 尘劳：“尘”指人们所感知和认识的事物与现象，如六根所对的“六尘”。“劳”即疲劳。“尘劳”指人们迷恋世间的万事万物所造成的有碍解脱的“疲劳”。这里的“尘劳”与“烦恼”的意思相近。

④ 以智慧观照：以般若智慧观察万事万物，以破除迷惑，即是指以佛教（禅宗）所特有的“智慧”看待一切，认识一切和理解一切。

【白话】

“善知识，依据我的教法，从一个般若中可以产生出八万四千种智慧，为什么呢？因为世间人有八万四千种错误观念。如果没有错误观念，并不离开自己的本性，智慧常现。懂得了这个教法，就叫作无念，不迷恋不追求，不产生狂妄荒诞的念头，运用自己先天具有的真如佛性，以般若智慧审视观察，对一切事物和现象既不喜好贪求，也不厌恶舍弃，保持这样的心理状态，就是认识了自我的本性和成就了佛道。

【经文】

“善知识，若欲入甚深法界及般若三昧者[①]，须修般若行，持诵《金刚般若经》，即得见性。当知：此经功德[②]无量无边。经中分明赞叹，莫能具说。此法门是最上乘[③]，为大智人[④]说，为上根人[⑤]说，小根小智人闻，心生不信。何以故？譬如大龙下雨于阎浮提[⑥]，城邑聚落悉皆漂流，如漂草叶；若雨大海，不增不减。

若大乘人，若最上乘人，闻说《金刚经》，心开悟解，故知本性自有般若之智，自用智慧常观照，故不假文字⑦。譬如雨水不从天有，元来龙能兴致，令一切众生、一切草木、有情无情，悉皆蒙润。百川众流，却入大海，合为一体。众生本性般若之智，亦复如是。

【注释】

① 若欲入甚深法界及般若三昧者："甚深"指教理极为深奥精妙。"法界"即"一真法界"，这里指人的与真如佛性相等同的自我本性。这里的"般若三昧"即指下面所讲的教义。这句话的大意是："如果是想真正理解精妙的明心见性理论和获得般若三昧的人"。

② 功德：消除罪恶叫作"功"，充满善叫作"德"。"德"也解作获"得"。一般把支持佛教和做善事获得福报称为"功德"。功德活动包括念佛、诵经、斋僧、建寺造塔等等。禅宗与佛教其他派别不同，一贯贬低功德在修行解脱过程中的作用。《坛经》对"功德"有新的解释，请参看。

③ 最上乘：《法华经》上指"一佛乘"，即佛的至高无上的教法或智慧。《坛经》以此称呼禅宗的教法，这也是以后禅僧们常用的自我标榜的名称。

④ 大智人：即有大智慧的人，所谓"大智慧"常与佛的智慧相等同。

⑤ 上根人："根"指人的根性，"上根"与"天资高"含义相近。"上根人"指能够理解和接受高深教义的人，这里指能理解和接受《金刚经》和禅宗教义的人。

⑥ 阎浮提：梵文的音译略称，也译"瞻部洲"，即指现在的人所居住的地方。

⑦ 闻说《金刚经》……故不假文字：通过这一段，可以清楚了解《坛经》论证"人本身具有般若智慧"这一命题的奇特方法。人们

通过听讲《金刚经》的经文而领会了经的义理，从而产生了“智慧”，一方面，人们的这种“智慧”与《金刚经》所蕴含的“智慧”完全相同；另一方面，人们的这种智慧又不是获取自《金刚经》，而是获取于自我的本性中。由此论证人的本性中固有这种般若智慧，再进一步推断人们获得这种智慧可以不凭借经典文字。

【白话】

“善知识，如果有人想要真正理解精妙的心性理论和获得般若三昧，必须修习般若行，念诵《金刚般若经》，这样就能认识和体验自己的本性。应该懂得，《金刚经》消除罪恶、使人获得善报的功能是非常大非常多的。经文中清楚地赞叹过，不能一一详细罗列出来。这种教法是至高无上的真理。是为有大智慧的人讲的，是为天资高的人讲的，那些没有智慧和天资差的人听了，也不会相信。什么原因呢？好像龙王降大雨于这个世界，如果雨水很多，并且降在城市村落的所在地，那么城镇村落都被淹没，像漂浮在大水中的小草叶一样。如果大雨降在大海之中，那么雨水再多，也不会使海水因此有所增加。如果那些具有大智慧的人，听讲了《金刚经》，立刻会理解经文，所以我们知道人的本性中先天具有般若智慧。自己时时用这种智慧来观察，所以并不需要凭借语言文字。如同雨水并不是天上本有的，而是因为龙王能兴风云降大雨，使一切众生，一切草木，有情生物和无情之物，都承受天雨的滋润。江河小溪之水最终都要流入大海之中，与大海融为一体，众生本性中的般若智慧也是这个道理。

【经文】

“善知识，小根之人，闻此顿教，犹如草木根性小者，若被大雨，悉皆自倒，不能增长。小根之人，亦复如是。元有般若之智，与大智人更无差别，因何闻法不自开悟？缘邪见障[1]重，烦恼根深。犹如大云覆盖于日，不得风吹，日光不现。般若之智，亦无大小，为一切众生自心迷悟不同。迷心外见，修行觅佛，未悟自性，即是小根。若开悟顿教，不执外修，但于自心，常起正见；烦恼尘劳，常不能染，即是见性。

【注释】

①障：佛教把有碍于修行佛道的一切思想、言论和行为称作“障”。这里可以理解为有碍于明心见性。

【白话】

“善知识，天资差的人听了这种顿教教法，如同根浅枝弱的小草小树，禁不住大雨的浇淋，倒仆于地，根本不能再成长。天资差的人听顿教教法后也就像这样。实际上，天资差的人与天资高的人都一样先天具有般若智慧，为什么他们听讲教法以后不能悟解呢？这是因为错误的思想太严重，追求尘世的欲望太强烈。就好像乌云遮住了太阳，不遇大风吹散乌云，太阳的光辉就不能普照。般若智慧并没有什么大小之别，只是因为一切众生的认识能力有不同。愚昧无知的人到自身之外去寻找成佛之道，不认识自己的本性，这属于天资差的小根之人。如果真正认识了顿教教义，不固执地到自身之外去寻找成佛之道，只要自己的心中时时产生正确的见解，错误的思想和有碍于解脱的不良情绪不能侵染，这就是认识和体验了自我的本性。

【经文】

“善知识，内外不住，去来自由，能除执心①，通达无碍，能修此行，与《般若经》②本无差别。善知识，一切修多罗③及诸文字，大小二乘④，十二部经⑤，皆因人置，因智慧性，方能建立。若无世人，一切万法⑥，本自不有，故知万法本自人兴，一切经书，因人说有。缘其人中有愚有智，愚为小人，智为大人。愚者问于智人，智者与愚人说法。愚者忽然悟解心开，即与智人无别。

【注释】

① 执心：对事物和现象追求、迷恋、执着的各种心理活动。

②《般若经》：总称般若类经典。般若类经典的汉译版本很多，唐玄奘所译《大般若波罗密多经》六百卷，为佛教般若类经典的汇编。《般若经》主要宣扬世俗认识及其一切认识对象都是虚假不真实的，只有通过般若否定世俗认识，才能把握佛教的真理，达到觉悟解脱。

③ 修多罗：梵文音译，又译契经，参见注⑤。

④ 大小二乘：大乘佛教和小乘佛教。大乘佛教是一世纪左右形成的佛教派别，自称是修行的大道，能够运载众生渡过生死苦海的大般若或大车，把以前的原始佛教和部派佛教贬为“小乘”，即修行的小道，或运载众生的小船或小车。小乘佛教以释迦牟尼为教主，以成为阿罗汉为最高修行目的，强调个人的解脱。大乘佛教则崇拜三世十方的无数佛，以成佛为目的，强调拯救世人。两派在修行方式上及教理上都有较大区别，我国汉地佛教主要属于大乘。这里的“大小二乘”是泛指佛教诸派。

⑤ 十二部经：也称“十二分教”，系指佛经体例上的十二种类别。1．修多罗（契经），佛经中的长行直说；2．祇夜（重颂）采用偈颂体重新宣讲教义；3．和加罗那（授记），佛给菩萨预言成佛的经文；4．伽陀（讽颂），采用偈颂文体组成的经文；5．伏陀那（无问自说），即佛不是回答信徒的问题，而是自己宣讲经文；6．尼陀那（因缘），记述佛说法教化的因缘；7．阿婆陀那（譬喻），经典中的譬喻部分；8．伊提月多加（如是语经），佛对弟子讲其过去世因缘的经文；9．阇陀伽（本生），佛讲述自己过去世因缘的经文；10．毗佛略（方广），佛说方正广大的道理的经文；11．阿浮陀达磨（未曾有），记佛显现

种种神通的经文；12 .伏波提舍（论议），问答和论议诸法意义的经文。十二部经中的修多罗、祇夜和伽陀三类是佛经的基本体裁，其余则是根据经文的内容立名。在中国佛教典籍中，使用“十二部经”往往泛指一切佛教经典，《坛经》此处正是在这个意义上使用的。

⑥ 一切万法：此处指一切教法或佛法。

【自话】

“善知识，既没有追求外在事物和现象的念头，又没有追求内心各种心理体验的欲望，其心自由自在，能消除任何执着追求的心念，对一切事物和现象都没有执着，能这样修行，就与《般若》经典所要求的没有任何差别。善知识，一切经典文字，大乘和小乘的教义，一切佛教经典，都是为人而设立的，都是因为有智慧的本性才创造出来的。如果没有世间的人，所有的佛教经典和教义根本就不会产生，所以知道一切佛教教义都是因为有了世间的人才出现的。一切佛教经典都是为世间的人而讲的。因为在世人之中，有愚昧者有智慧者，愚昧者如同蒙童，智慧者好比成人。蒙童向成人请教，成人为蒙童讲教法。这样，愚昧者听了智慧者所讲的教义，忽然理解了教义，就与智慧者没有任何区别了。

【经文】

“善知识，不悟即佛是众生，一念悟时众生是佛，故知万法尽在自心，何不从自心中顿见真如本性？《菩萨戒经》① 云：‘我本元自性清净。’若识自心见性，皆成佛道。《净名经》② 云：‘即时豁然，还得本心。’③

【注释】

①《菩萨戒经》：属于佛教的戒律书。后秦鸠摩罗什译出《梵网经卢舍那佛说菩萨心地戒品第二》二卷，天台僧人智颤将其录为一卷

名《菩萨戒经》。此处所引经文系卷下偈颂前长行的末句，此处多了一个“我”字。此经主要讲大乘佛教律中的杀、盗、淫等十重戒和不敬师友、饮酒等四十八轻戒。

②《净名经》：系《维摩诘所说经》的异名，亦称《维摩经》或《维摩诘经》，历代异译本有七种，现存三种：后秦鸠摩罗什译《维摩诘经》三卷，三国吴支谦译《维摩诘经》二卷，唐玄奘译《说无垢称经》六卷。其中以鸠摩罗什译本影响最大。此经讲古印度吠舍离城的居士维摩诘深通大乘佛教教义，与文殊师利等人讨论佛法，宣扬达到解脱不一定要经过严格的出家修行生活，如果身处世俗间而主观上对一切世俗现象不追求和迷恋，即为真正的“菩萨行”。此处引文出自罗什译本。

③即时豁然，还得本心：《坛经》引用了《菩萨戒经》和《净名经》中的两句话，以论证其所宣扬的万法在自心和从自心中顿见真如本性的教义，实际上，这两句话和《坛经》要论述的教义并没有直接的联系。

【白话】

“善知识，如果不理解和认识自己的本性，那佛也就是众生；如果一个念头是正确的，那众生就是佛了。所以知道一切都存在于自己的心中，为什么不从自己的心中瞬间认识真如本性？正如《菩萨戒经》上说的：‘自我的本性先天就是纯真洁净的。’如果认识、理解和体验了自我的本心和本性，就都可以成佛。《净名经》也说：‘瞬间的领悟，还是来自本心。’

【经文】

“善知识，我于忍和尚处，一闻言下便悟，顿见真如本性。是以将此教法流行，令学道者顿悟菩提。各自观心，自见本性。若自不悟，须觅大善知识，解最上乘法者[①]，直示正路，是善知识有大因缘[②]，所谓化导[③]令得见性。一切善法，因善知识能发起故。三世诸佛、十二部经，在人性中，本自具有。不能自悟，须求善知识指示方见。若自悟者，不假外求。若一向执谓须他善知识方得解脱者，无有是处。何以故？自心内有知识自悟[④]，若起邪迷妄念颠倒，外善知识虽有教授，救不可得。若起正真般若观照，一刹那间[⑤]妄念俱灭，若识自性，一悟即至佛地[⑥]。

【注释】

① 解最上乘法者：即指懂得禅宗教义的人。

② 因缘：佛教各派对因缘有多种解释，一般说来，可以概指形成事物、引起认识和“业报”等现象所依据的一切原因和条件。《坛经》在“因缘”问题上并没有什么发挥。此处的“因缘”可以理解为“有缘分”。

③ 化导：教化，开导的意思。

④ 自心内有知识自悟：大意是，自己的心中就具有一切佛教的知识和成佛的依据，可以自己去认识和领悟。可以简单地理解为自己心中有佛性，可以自己认识和证悟。

⑤ 一刹那间：“刹那”为梵文意译，亦译“一念”、“须臾”，音译“乞沙拏”，佛教用以表示最短暂的时间单位，《俱舍论》卷二十曾有个比喻，以形容“刹那”之短暂：“如壮士一疾弹指顷，六十五刹那。”“一刹那间”可以理解为瞬间。

⑥ 佛地：佛教把修行成道的过程划分为十个阶位，即十地，“佛地”为菩萨修行所要到达的最终果位。这里的“佛地”是见性成佛的同义语。

【白话】

“善知识，我在弘忍大师那里，一听他宣讲这些教法，马上就理解领会了，认识了自我的真如本性，所以我弘扬这种教法，使其普遍流行，让每一位修行的人都能瞬间觉悟成佛，每个人自己去认识自己的本心和本性。如果自己不能认识和理解，就必须找理解这些教法的老师，让他们指出正确的修行途径。他们与这种教法是有缘分的，给人们以指导，让他们自己认识自我本性，因为一切善的东西，都是经过这些善知识的启发而出现的。过去、现在和未来的一切佛，佛教的一切经典；都先天存在于人的本性之中。不能自己理解教法的人，必须寻找老师来指导，才能认识本性。如果能够自己理解，就不需要再找老师请教了。认为只有依赖老师才能获得解脱，是错误的观点。什么原因呢？自己的内心本来就有佛性，可以自己去认识。如果思想不正确，把正确与错误弄颠倒了，老师尽管有所指导，也拯救不了你。如果用自己本来具有的般若智慧来审察和认识，一切虚妄的念头瞬间就都消失了。如果认识和体验了自我的本性，就直接达到了佛的境界。

【经文】

“善知识，智慧观照，内外明彻，识自本心。若识本心，即本解脱。若得解脱，即是般若三昧，即是无念。何名无念？若见一切法，心不染著，是为无念。用即遍一切处，亦不著一切处。但净本心，使六识①出六门②，于六尘③中无染无杂，来去自由，通用无滞，即是般若三昧，自在解脱，名无念行。若百物不思，当令念绝，即是法缚，即名边见④。善知识，悟无念法者，万法尽通；悟无念法者，见诸佛境界，悟无念法者，至佛地位。

【注释】

①六识：梵文意译，分别为眼识、耳识、鼻识、舌识、身识、意识，是指眼耳鼻舌身意等六种感觉和思维器官接触相应的外在对象（六境）之后，产生出的见、闻、嗅、味、触、思虑等作用。

②六门：也称“六根”，指眼耳鼻舌身意等六种感觉和思维器官，

分别有不同的感知和认识能力。

③ 六尘：也称“六境”，指眼、耳、鼻、舌、身、意等六识所感觉认识的六种现象，即色、声、香、味、触、法。“六尘”可以理解为一切受到佛教否定的世间现象。

④ 边见：指片面极端的错误见解。这里指“百物不思”的见解。

【白话】

“善知识，用自我固有的智慧来观察和映照，使自我的内心和外部的世界都明亮起来，认识自我的本心。如果认识了自我的本心，即是彻底解脱。如果获得解脱，就是般若三昧，就是无念。什么叫无念？如果对于所接触到的一切事物和现象，没有爱恋追求的欲望或心念，就是无念。这种心理状态可以运用于对待一切事物和现象，同时又不为一切事物和现象所污染和侵蚀。只要使自心纯洁清净，人的感官就能正确分辨认识对象而不被其所迷惑。自心自由自在，不受任何阻滞。这就是般若三昧，就是自在解脱，这就叫无念的修行。如果有意识地什么都不想，消除一切念头，停止思维活动，即是被‘百物不思’的观点束缚了，这就是不正确的思想。善知识，领会了无念教法的人，就领会了一切教法；领会了无念教法的人，就是理解了一切佛的境界；领会了无念教法的人，就达到了佛的境地。

【经文】

“善知识，后代得吾法者，将此顿教法门，于同见同行，发愿受持[①]，如事佛故。终身而不退者，定入圣位。然须传授从上以来默传[②]分付，不得匿其正法。若不同见同行，在别法[③]中，不得传付。损彼前人，究竟无益。恐愚人不解，谤此法门，百劫千生，断佛种性[④]。

【注释】

① 受持：“受”指在心中领受或接受，“持”指牢记在心而不忘记。

② 默传：指不凭借语言文字的以心传心的传授。

③ 别法：此处指禅宗以外的各个派别。

④ 断佛种性：“佛种”指能结出佛果的种子，“佛种性”即能结出佛果的种子的不变本性。这里的“断佛种性”是诅咒之语，意为永远不能成佛。

【白话】

“善知识，后代那些获得我的教法的人，应该与志同道合者一起修行，立下誓愿，遵循和维护这种顿教教法，像对待佛一样对待这种教法。矢志不渝，终身信仰这种教法，一定会达到佛的圣位。无论如何，一定要像历代佛祖那样，一代一代以心传心，把这种教法默传下去。不能把这种真正的教法隐藏起来。如果并非志同道合者，而是信仰和修行其它教法的人，就不要将这种顿教教法传授给他，以免有损于先圣，最终也没什么好处。最可怕的是愚昧无知的人不知道理解真正的教法，肆意诽谤攻击，那他们就永远丧失了成佛的可能性。

【经文】

“善知识，吾有一《无相颂》，各须诵取。在家出家，但依此修。若不自修，惟记吾言，亦无有益。听吾偈曰：说通[①]及心通[②]，如日处虚空。唯传见性法，出世破邪宗[③]。法即无顿渐，迷悟有迟疾。只此见性门，愚人不可悉。说即虽万般，合理还归一。烦恼暗宅中，常须生慧日。邪来烦恼至，正来烦恼除。邪正俱不用，清净至无余。菩提本自性，起心即是妄。净心在妄中，但正无三障[④]。世人若修道，一切尽不妨。常自见己过，与道即相当。

色类[5]自有道，各不相妨恼。离道别觅道，终身不见道。波波度一生，到头还自懊。欲得见正道，行正即是道。自若无道心，暗行不见道。若真修道人，不见世间过。若见他人非，自非却是左。他非我不非，我非自有过。但自却非心，打除烦恼破。憎爱不关心[6]，长伸两脚卧。欲拟化他人，自须有方便。勿令彼有疑，即是自性现。佛法在世间，不离世间觉。离世觅菩提，恰如求兔角。正见名出世，邪见是世间。邪正尽打却，菩提性宛然。此颂是顿教，亦名大法船[7]。迷闻经累劫，悟则刹那间。"

【注释】

①说通：指僧人能够因时因地因人而灵活宣讲佛教教义，这里指宣讲禅宗的教义。

②心通：指不凭借语言文字而能够心领神会，获得语言文字所不能表达的东西。

③邪宗：指惠能南宗以外的派别。从《坛经》的整个内容看，属于禅宗队伍中的神秀北宗是主要批判对象，也应归在"邪宗"之列。

④三障：指不利于修行佛道的三种障碍。其一是烦恼障，即贪瞋痴等一切烦恼；其二，业障，指一切有违于佛教教义的行为、言论和思想；其三，指地狱、饿鬼、畜生等恶报。

⑤色类：有各种色身（大约相当于物质形体的意思）的众生，这里可以简单地理解为指世间的一切人。

⑥憎爱不关心：这是宣扬对一切都采取麻木不仁的态度。

⑦法船：佛教以拯救世人、让世人渡过生死苦海为目的，所以把其教法喻为"法船"。这里是代指惠能的教法。

【白话】

"善知识，我有一首《无相颂》，诸位必须诵读牢记。无论是出家僧人还是在家居士，一定要依照《无相颂》来修行。如果自己不亲自修行，只记住我的话，那就不会有什么收益。请听我的偈语：能够灵活宣讲教法，并且亲自体验了本心佛性，就如同太阳高悬于虚空之上，光明自然普照一切地方。我所弘扬的只有明心见性的教法，以便拯救世人并且驳斥其他邪魔外道。真正的佛法并没有什么顿渐之分，只是人们认识理解和接受的速度有快慢。只有这种明心见性的教法，愚昧无知的人是难以理解和接受的。虽然讲说的教法可能千差万别，就其所蕴含的真理而言却只有一个。如果有错误思想和不良情绪存在，那么心中就一片黑暗，应该以智慧的阳光来驱散黑暗。产生了错误的念头就是烦恼的到来，有了正确的念头就是烦恼的消除。如果对错误的念头和正确的念头都不予分别和理会，那就达到了自心清净超脱生死的无余涅槃境界。自我的本性原本觉悟，执着的念头就是虚妄。自我的清净本心就在妄念之中，只要心正就消除不利于悟佛道的三种障碍。世间的人如果要修佛道，各种教法都不会形成障碍。时常自我反省，认识自己的过失，这样就与佛道相契合了。一切众生各有各的正道，各行其道，相互之间并无妨碍。如果离开明心见性的正道去寻找别的解脱途径，那么一辈子也别想成就佛道，忙忙碌碌，糊里糊涂地度过一生，到头来会追悔莫及。想要认识真正的佛道，自心无偏执就是佛道。自己如果没有希求成佛之心，如同在黑暗中行走看不见道路。如果真是修行佛道的人，不要总是睁着眼睛找别人的过错。如果看到别人的错误，实际上就是自己有了错误，是自己的看法有了偏差。他人有了错误我并不以为错，如果我认为他人犯了错误，那就是证明我自己犯了错误。只要我自己消除了指责他人的心念，也就把一切错误思想和不良情绪消灭干净了。没有憎恨或者贪爱的情感，高枕无忧自由自在。如果想要教导和感化他人，自己必须有机动灵活行之有效的手段。要消除对方的一切疑惑，才是他自己本性显现的时候。佛教的真理就在世俗之中，觉悟成佛不能脱离世俗。如果脱离世俗去另外寻求觉悟成佛，就如同愚昧无知的人误把兔子耳朵当成兔子角来追求，最终还是一无所获。正确的见解就是超出世间的清净修行，错误的见解就是众生生死轮回的世间。对于正确的和错误的见解都不关心，觉悟的本性就清晰地展现出来；我这首颂文讲的是顿悟成佛之道，可以称为能使众生超脱生死轮回苦海的法船。如果听了以后还不理解，就永远是愚昧无知的凡夫。如果听了以后能够理解，顷刻之间就可以证悟。

【经文】

师复曰："今于大梵寺说此顿教，普愿法界众生①，言下见性成佛。"时韦使君与官僚道俗，闻师所说，无不省悟。一时作礼，皆叹："善哉！何期岭南，有佛出世！"

【注释】

① 法界众生：这里可以简单理解为指所有的人。

【白话】

惠能大师又说："我今天在大梵寺宣讲顿教教法，希望所有的人听了以后，都能立刻认识自己的本性，觉悟成佛。"这时，韦使君、众官员、道士和百姓，听了惠能大师的话，没有人不理解和领会。大家同时向惠能大师行礼致敬，发出感叹："善哉！想不到岭南这个地方居然还能出现佛！"

疑问第三

【经文】

一日，韦刺史为师设大会斋①。斋讫，刺史请师升座，同官僚士庶肃容再拜，问曰："弟子闻和尚说法，实不可思议②。今有少疑，愿大慈悲③，特为解说。"师曰："有疑即问，吾当为说。"韦公曰："和尚所说，可不是达磨大师宗旨④乎？"师曰："是。"

【注释】

① 大会斋："大会"即"大法会"。"法会"属于佛教的一种仪式，指僧俗为宣讲教义、供养佛以及施舍僧人举行的集会。"大会斋"即在举行大法会时兼施斋饭。

② 不可思议："思议"即心思口议。意思是：讲说的教义十分深奥，难于用思维来把握，用语言来描述。这是对佛教教理常用的恭维话。

③ 大慈悲：即大慈大悲，这里是以慈悲为怀的意思。

④ 宗旨：这里的"宗旨"有"基本思想"的意思。

【白话】

一天，韦刺史为惠能大师举行法会，并且兼施斋饭。吃过饭以后，韦刺史请惠能大师走上讲台，然后自己与其他官吏、学士和百姓一齐庄重地向惠能大师行礼致敬，问道："弟子听了师父宣讲的佛法，觉得实在精深奥妙，不可思议。现在我还有一点疑问，希望大师以慈悲为怀，专门为我们讲解一下。"惠能大师说："有疑难就请提出来，我应该为你们讲解。"韦刺史说："师父所讲的教法，是达摩大师的宗旨吗？”惠能回答：“正是。”

【经文】

公曰：“弟子闻，达磨初化梁武帝[①]，帝问云：朕一生造寺、度僧[②]、布施[③]、设斋，有何功德？达磨言：实无功德。弟子未达此理，愿和尚为说。”师曰：“实无功德，勿疑先圣之言。武帝心邪，不知正法。造寺、度僧、布施、设斋，名为求福，不可将福便为功德。功德在法身中，不在修福[④]。”

【注释】

①梁武帝：在中国古代封建帝王中，南朝梁武帝萧衍以崇佛佞佛著称。他积极扶植佛教，还曾三次舍身同泰寺。梁武帝和菩提达磨的故事并没有历史根据，是为适应禅宗教义的需要而虚构出来的。禅宗把梁武帝作为批判对象，以便贬低做功德善事在解脱过程中的作用，强调自证自悟。

②度僧：指举行一定的仪式使信徒出家为僧。

③布施：梵文意译，简称“施”，指以财物、体力、智慧等使他人受惠的一切活动。佛教认为从事这些活动可以得到福报乃至达到解脱，对如何布施，布施对象和种类等都有规定和说明，尽管禅宗不可能完全否定布施，却十分明显地贬低了它在修行过程中的作用。

④功德在法身中，不在修福：“法身”是梵文意译，指以佛法为身或身具一切佛法，这是把佛法的本质人格化的结果。在《坛经》中，法身即为自我的本性。这一句话体现了禅宗对“功德”的新解释。

【白话】

韦刺史说：“弟子曾经听说，达磨当初教化梁武帝，梁武帝问达磨：我一生建造许多寺院，剃度许多人出家为僧，施舍钱物救济穷人，为僧人提供饮食，这有什么功德？达磨回答：实在没有功德。弟子不明白达磨的答话有什么道理，望师父为我解释。”惠能大师说：“确实没有功德，千万不要怀疑前代圣人的话。梁武帝的见解不正确，不懂得真正的佛法。建造寺院，剃度僧人，布施钱物，举办斋会，这些活动叫作求福报，不能把求福误认为即是功德。功德存在于自我的本性中，并不表现在行善事求福报的种种活动中。”

【经文】

师又曰：“见性是功，平等是德。念念无滞，常见本性，真实妙用，名为功德。内心谦下是功，外行于礼是德。自性建立万法是功，心体离念是德。不离自性是功，应用无染是德。若觅功德法身，但依此作，是真功德。若修功德之人，心即不轻①，常行普敬②。心常轻人，吾我不断③，即自无功；自性虚妄不实，即自无德，为吾我自大，常轻一切故。善知识，念念无间是功，心行平直是德。自修性是功，自修身是德。善知识，功德须自性内见，不是布施、供养之所求也，是以福德与功德别④。武帝不识真理，非我祖师有过。”

【注释】

① 不轻：即不轻视他人。

② 普敬：这里指普遍尊敬一切人。

③ 吾我不断：“吾我”也称“我”，相当于自我，物体自性，指支配人和事物的内部主宰者。“吾我不断”，即指执着于“自我”，以“自我”为实有的错误观念没有消除。从小乘佛教开始，执着于“我”就被视为产生一切谬误的总根源。

④ 是以福德与功德别：以上这一大段论述，赋予“功德”以新的含义。功德这种有利于佛教、有利于他人的外在行为，变成了自我

内心的活动。功德并不存在于供佛、有利于他人的活动中，而存在于自我本性之中。这样，传统佛教所说的功德，成了与超脱生死轮回毫无联系的“福德”。

【白话】

惠能大师又说：“正确认识自我的本性是功，平等无区别地看待一切是德。思想时时刻刻不为尘世间的事物和现象所束缚，自我的本性无时无刻不发挥真实灵妙的作用。这就叫功德。内心谦逊是功，对外以礼待人是德。从自我的本性上创造一切事物和现象是功，自心本体不起尘俗妄念邪想是德。不离开自我的本性是功，不受尘俗的污染是德。如果要寻找功德的本性，只要根据这个原则来修行，就是真正的功德。那些真正修功德的人，十分谦虚，普遍尊敬一切人。如果轻蔑他人，遇事先考虑自己，便没有功；如果自己的本性虚妄不真实，便没有德。这是因为惟我独尊、蔑视一切的缘故。善知识，时时保持正确的心念是功，公平正直的心态是德，自己修心性是功，自己修身行是德。善知识，功德必须在自己的本性之中寻找，不是通过布施钱物、供养诸佛就能获得的。因此，福德与功德有差别。梁武帝不懂得这个真理，并不是我们祖师有错误。”

【经文】

刺史又问曰：“弟子常见僧俗念阿弥陀佛①，愿生西方。请和尚说，得生彼否？愿为破疑。”师言：“使君善听，惠能与说。世尊②在舍卫城③中，说西方引化，经文分明，去此不远。若论相说里数，有十万八千，即身中十恶④八邪⑤，便是说远。说远为其下根，说近为其上智。人有两种，法无两般。迷悟有殊，见有迟疾。迷人念佛，求生于彼，悟人自净其心。所以佛言：‘随其心净，即佛土净⑥。’使君东方人，但心净即无罪。虽西方人，心不净亦有愆。东方人造罪，念佛求生西方，西方人造罪，念佛求生何国？凡愚不了自性，不识身中净土[7]，愿东愿西，悟人在处一般。所以佛言：随所住处恒安乐。使君心地但无不善，西方去此不遥：若怀不善之心，念佛往生难到。今劝善知识，先除十恶，即行十万，后除八邪，乃过八千[8]。念念见性，常行平直，到如弹指，便睹弥陀。使君但行十善[9]，何须更愿往生；不断十恶之心，何佛即来迎请？若悟无生顿法[10]，见西方只在刹那；不悟念佛求生，路遥如何得达？惠能与诸人，移西方于刹那间，目前便见，各愿见否？”

【注释】

① 阿弥陀佛：梵文音译。是净土宗的主要信仰对象，被认为是西方极乐世界的教主，能接引念佛人往生西方净土世界，故又称“接引佛”。据说在阿弥陀佛的净土世界，其佛寿命及其人民的寿命都是无量无边的，故又称“无量寿佛”。

② 世尊：佛教用以称释迦牟尼，认为他具备各种德行，为世人所尊崇，所以叫“世尊”。这是佛陀十大尊号之一。

③ 舍卫城：古印度城名，为㤭萨罗国都城名。为了与古印度南部另一㤭萨罗国相区别，故也称舍卫国，在今印度西北部，传说释迦牟尼生前常住此地。

④ 十恶：指十种恶行，与十善相对，一般指杀生、偷盗、邪淫、妄语、两舌（挑拨离间的话）、恶口、绮语（也称杂秽语）、贪欲、瞋恚、邪见。

⑤ 八邪：与八正道相对。八种错误的思想、言论和修行方式等。邪见，不正确的见解；邪思维，对教义的不正确思考；邪语，有违于佛理的语言；邪业，不正确的行业；邪命，不按佛教的规定生活；邪方便，不正确的修行方法；邪念，对佛教教义的不正确的理解；邪定，有违于佛教规定的禅定。

⑥ 随其心净，即佛土净：语出《维摩诘经》。

⑦ 凡愚不了自性，不识身中净土：愚昧无知的人不能认识自我的本性，不知道自己的身中即有净土。禅宗把净土拉回自己的本心，实际上是否定了西方净土世界的存在。宋代以后的禅僧围绕这个问题进行了许多论述。

⑧ 先除十恶，即行十万，后除八邪，乃过八千：呼应前文净土世界有十万八千里之遥的说法，进一步讲，如果消除十恶，就等于走了十万里，如果消除了八邪，就等于又走了八千里，比喻消除了十恶八邪就等于到达了西方净土世界。净土世界离此有十万八千里的说法是《坛经》的创造。

⑨ 十善：与十恶相对，指十种善行：不杀生、不偷盗、不邪淫、不妄语、不两舌、不恶口、不绮语、不贪、不瞋、不痴。这是佛教的基本道德信条。

⑩ 无生顿法：即指《坛经》所宣扬的教法。

【白话】

韦刺史又问道："弟子经常看到，僧人和俗人口中念诵阿弥陀佛名号，希望能在下一世转生到西方极乐世界。请师父说一说，这些人能转生到西方极乐世界去吗？希望大师为我消除这个疑惑。"惠能大师回答："韦刺史请仔细听，我给你讲解。释迦牟尼佛当年曾在舍卫城中，宣讲有关引度众生到达西方净土世界的经文，明确指出西方极乐世界离此地并不遥远。如果从具体形像的方面讲，按一般容易理解的道路计算，有十万八千里。从自己的本性方面讲，那就是十恶八邪，十恶八邪与本性迥然有别，这就表明西方净土极乐世界离我们多么遥远了。说西方世界十分遥远，是针对素质差的人而言；说西方世界并不遥远，是针对素质高的人而言。人有愚笨聪明两种，佛教的真理却没有两样。由于愚笨者和聪明者是有差别的，对佛教真理的接受也就有快有慢。愚昧无知的人整日口诵佛号，希望转生西方极乐世界，聪明智慧的人致力于使自己的心灵纯净无瑕。所以佛说，随着人的内心清净了，也就是佛土清净了。韦使君你是东方人，只要保持自心的清净就没有任何罪业。尽管是生长在西方的人，其内心不纯净，那也是有罪业的。东方人有了罪业，想通过念佛来转生到西方极乐世界，那么西方的人有了罪业，通过念佛又要转生到什么地方呢？愚蠢的凡夫俗子不认识自己的本性，不知道净土极乐世界即在自己的身体之中，希望转生西方，聪明智慧的人无论在任何地方都是一样的。所以佛说：根据你所处的地方而永远保持安详快乐。只要韦使君你的内心没有邪恶之念，西方极乐世界就离此不远。如果内心存在着邪恶之念，通过念佛希求转生西方极乐世界的目的绝对达不到。现在我要打个比方规劝告诫善知识，先消除自己的十恶，就如同走了十万里路；再消除自己的八邪，就如同又走了八千里路。每一个念头出现都要体现自我的本性，时时都要公正无偏见，如果这样，弹指之间就能达到西方极乐世界，就能亲见阿弥陀佛。只要韦使君奉行十善，何必发愿转生西方极乐世界；如果自己不铲除十恶，又有哪位佛来迎请你到西方极乐世界？如果懂得了无生无死的顿教道理，瞬间就能见到西方极乐世界；不懂得顿教的道理，只是愚蠢地通过念佛希望转生西方极乐世界，怎能走完漫漫长途而达到目的地？惠能为了大家把西方极乐世界转移到眼前，大家只在瞬间就能见到西方极乐世界，各位愿意不愿意看呢？”

【经文】

众皆顶礼[①]，云：“若此处见，何须更愿往生？愿和尚慈悲，便现西方，普令得见。”师言：“大众，世人自色身[②]是城，眼耳鼻舌是门，外有五门，内有意门。心是地，性是王，王居心地上，性在王在，性去王无。性在身心存，性去身心坏。佛向性中作，莫向身外求，自性迷即是众生，自性觉即是佛。慈悲即是观音[③]，喜舍名为势至[④]，能净即释迦[⑤]，平直即弥陀[⑥]；人我是须弥[⑦]，邪心是海水[⑧]，烦恼是波浪[⑨]，毒害是恶龙[⑩]，虚妄是鬼神[⑪]，尘劳是鱼鳖[⑫]，贪瞋是地狱[⑬]，愚痴是畜生[⑭]。善知识，常行十善，天堂便至；除人我，须弥倒；去贪欲，海水竭；烦恼无，波浪灭；毒害除，鱼龙绝。自心地上觉性如来，放大光明，外照六门清净，能破六欲诸天[⑮]。自性内照，三毒即除，地狱等罪，一时销灭。内外明彻，不异西方。不作此修，如何到彼？”

【注释】

①顶礼：佛教的礼节，两肘、两膝和头着地，称为“五体投地”，并且用头顶礼对方的足。这被认为是最高的礼节。

②色身：由地、水、火、风四种物质要素（色法）组成的身体，即指人的肉体。

③慈悲即观音：“观音”是“观世音”之略，为阿弥陀佛的左胁侍，“西方三圣”之一。佛教经典把他描述为大慈大悲的菩萨，只要遇难的众生诵其名号，他就能“观”其声音，前来拯救，所以叫“观世音”。由于避唐太宗李世民之讳，所以常称“观音”。“慈悲即观音”，只要主观上对一切众生都怀有慈悲之念，那么他自身就等同于观音。这样，传统佛教的外在崇拜对象“观音”，就成了自我的心理活动，从而强调以自我的心理调节来代替一切。以下各句都是从这个意义上讲的。

④喜舍名为势至：对一切众生都毫无区别地欢喜和布施称为“喜舍”。“势至”即“大势至菩萨”，是阿弥陀佛的右胁侍，与阿弥陀佛、观音菩萨合称“西方三圣”。《观无量寿经》说他能以智慧之光普照一切，使地狱、饿鬼和畜生三恶道中的众生“得无上力”，所以名为“大势至”。“喜舍名为势至”，只要人们在主观上对一切众生，无论其或善或恶，都能无差别地欢喜和布施，没有厌恶之念，即与

大势至菩萨没有区别。

⑤ 能净即释迦："释迦"即"释迦牟尼"，佛教的创始人，姓乔达摩，名悉达多。相传他是古印度北部迦毗罗卫国（在今尼泊尔南部提罗拉科特附近）净饭王的太子，因看到人生的各种痛苦而出家，经过修行而获得了"觉悟"。以后他在印度北部和恒河流域一带传教四十余年。"能净即释迦"，只要自心保持纯洁清净，不受世俗尘埃的污染，就与释迦牟尼没有区别。

⑥ 平直即弥陀：自心公平真正，对一切事物和现象既不迷恋也不厌弃，自己就是阿弥陀佛。

⑦ 人我是须弥：执着于"自我"的错误观念如同须弥山一样硕大无比。

⑧ 邪心是海水：各种错误的思想和观点如同大海之中的水一样无穷无尽。

⑨ 烦恼是波浪：贪、瞋、痴等各种不良的情绪或情感会在人的心中掀起层层波澜，永远不能平息。

⑩ 毒害是恶龙：损害他人之心就是恶龙。

⑪ 虚妄是鬼神：佛教讲"障身为鬼，障心为神"，各种虚假不真实的心念如同有碍于身心解脱的"鬼神"。

⑫ 尘劳是鱼鳖：终日为世俗间的事务劳心费神，自己的心如同鱼鳖在水中川游不息，不能平静下来。

⑬ 贪瞋是地狱：存在贪欲、瞋怒等不良情绪，就会使自身陷入地狱而不能自拔。

⑭ 愚痴是畜生：愚昧无知就如同自身陷于生死轮回的畜生道。从"人我是须弥"一句开始，是讲人的各种错误思想、观点、情绪等十分顽固，危害极大，能导致人们陷入生死轮回中的可怕境地，有碍于明心见性。这是强调要消除一切不符禅宗教义的思想和心态。

⑮ 破六欲诸天：佛教把众生轮回的世界分为三种，即欲界、色界和无色界。欲界是指具有食欲和淫欲的众生所居之处，包括五道之中的地狱、畜生、饿鬼、人和六欲诸天。"六欲诸天"指欲界的六

重天：1.四天王天，东为持国天、南为增长天、西为广目天、北为多闻天；2.忉利天，即三十三天；3.夜摩天；4.兜率天；5.乐变化天；6.他化自在天。六重天的众生即为天神，比包括人在内的其他四道中的众生地位高。但是他们虽然在天界享受快乐，仍然有食欲和淫欲，还没有超脱生死轮回而达到解脱。所以，要达到明心见性的解脱，还不能迷恋六欲诸天，还要“破”六欲诸天的欲业。这是强调不能从主观上追求食欲和淫欲。

【白话】

众人都行礼，说：“如果在这里就能看到西方极乐世界，何必再念佛求往生？希望大师以慈悲为怀，展示西方极乐世界的情境，让我们大家都能看到。”惠能说：“诸位，世人自己的身体如同一座城池，眼睛、耳朵、鼻子、舌头等就好像是城门，外面有五个门，里面有一个意门。人的心如同土地，人的本性如同国王。国王居住在土地上，本性存在就如同国王存在，本性失去就如同没有国王了。如果本性存在，身体和精神就存在，如果本性失去了，身体和精神就毁灭了。佛是从本性中产生的，千万不要在身体之外去寻求什么佛。不认识自我的本性就是沉沦生死苦海中的众生，正确认识了自我的本性就是脱离生死苦海的佛。拯救众生就是观音菩萨，布施一切人就是大势至菩萨，净化自心就是释迦牟尼佛，公平正直就是阿弥陀佛。以自我为实有的错误思想如同须弥山一样巨大，贪婪的欲望像大海之水一样无边无际，迷恋尘世的各种错误思想和情绪如同大海中的波浪一样起伏不息，伤害他人的想法犹如毒龙一样凶恶，各种不正确的心念像鬼神一样有碍于解脱。迷恋尘事的种种念头如水中鱼鳖一样来去不停，人的贪婪就是地狱，人的愚昧无知如同畜生。善知识，常行十善就使天堂呈现在眼前，消除唯我至上的观念就如同推倒须弥山，没有对尘世的迷恋就如同平息了波浪；消除贪欲就如同使大海之水枯竭，消除害人之心就如同川流不息的鱼龙绝迹。从自己的心地上体验本性佛，使发自本性的智慧之光照亮人的六种感官，让眼耳鼻舌身意都净洁而不受尘俗的污染。消除六欲诸天所作的业。自我本性的返观内照，就可以消除贪欲、愤怒和愚昧，应该坠入地狱受苦的罪业也就顷刻消除净尽。这样的内外都不受尘俗污染的境界，与西方极乐世界又有什么差异。如果不这样修行，怎么能够到达西方极乐世界？”

【经文】

大众闻说，了然见性。悉皆礼拜，俱叹善哉，唱言：“普愿法界众生闻者，一时悟解。”师言：“善知识，若欲修行，在家亦得，不由在寺①。在家能行，如东方人心善；在寺不修，如西方人心恶。但心清净，即是自性西方。”

【注释】

①若欲修行，在家亦得，不由在寺：按照禅宗的教义修行，达到明心见性，解脱成佛，不出家也可以。这样就消除了出家和在家的区别。

【白话】

大家听了这番话，认识了自己的本性，都向惠能大师行礼致敬，称赞叫好，高声说：“希望所有听到惠能大师讲法的人，都能立刻领悟理解。”惠能大师说：“善知识，如果打算修行，不出家为僧也是可以的，不一定非要出家为僧在寺院里修行。俗人在家能如此修行，如同东方人心地善良；出家为僧住在寺院里不修行，如同西方人心地恶毒。只要内心清净无污染，就是自我本性中的西方极乐世界。”

【经文】

韦公又问:“在家如何修行？愿为教授。”师言:“吾与大众说《无相颂》，但依此修，常与吾同处无别。若不依此修，剃发出家，于道何益？颂曰:

心平何劳持戒[①]，行直何用修禅[②]？恩则孝养父母，义则上下相怜。让则尊卑和睦，忍则众恶无喧。若能钻木出火[③]，淤泥定生红莲。苦口的是良药，逆耳必是忠言。改过必生智慧，护短心内非贤。日用常行饶益[④]，成道非由施钱。菩提只向心觅，何劳向外求玄？听说依此修行，西方只在目前。”

【注释】

① 心平何劳持戒:“戒”是为禁止一切不符合佛教教义的思想和言行所作的规定，以防恶从善为目的，用以约束信徒，保证信仰。传统佛教把它与定、慧并列称为“三学”，视为修行的重要内容和达到解脱的必要手段。《坛经》则认为，只要主观上对一切都不加区别(所谓“心平”或“行直”)，就等于遵守了戒律。这样一来，只要人们保持平等对待一切的心理状态，那他的一言一行，一举一动，就都是戒律的体现。因此，是否遵守了律，已不是由人的外在行为来判断，而是由人的心理状态来判断。在这种思想指导下，历代禅宗界始终存在着轻视戒律、不遵守律的现象。因为以心理状态作为衡量是否守戒的标准，等于没有标准。这也是“酒肉穿肠过，佛祖心中留”之类的现象能够流行的原因所在。针对这种情况，历代不少有影响的禅师都强调要以戒律来约束禅僧。

② 行直何用修禅:“行直”指“心行平直”，即对一切事物和现象都没有偏执的心理状态，也就是“不思善、不思恶”的意思。“禅”是梵文音译之略，意译“静虑”、“思维修”、“弃恶”、“功德丛林”等。禅是佛教的一种修行方式，其主要特征是：在精神专注的状态下，按照一定的程序思考特定的佛教教义，以便认识教义，体验所

规定的心理状态，从而不断深化，达到解脱。佛教各派对如何修禅，禅的内容种类等等都有不同的规定。禅宗是以“禅”来概括其全部修行理论和修行实践，故以“禅”命宗。“行直何用修禅”，是用对一切均不作区别的心理状态代替了传统佛教的禅学理论。

③ 若能钻木出火：以“钻木”比喻勤奋不懈地修行，以“出火”比喻达到明心见性的目的。

④ 饶益：佛教指有利于他人的一切活动。

【白话】

韦刺史又问：“俗人不出家怎样修行呢？希望师父给我们指导。”惠能大师说：“我给你们说一首《无相颂》，只要依据这首颂文所讲的修行，就像时时和我在一起，并没有任何区别。如果不按照这首颂文所讲的修行，即使剃除须发出家为僧，对于修行佛道也没有什么益处。《无相颂》是：只要平等不加区别地对待一切，何必劳神费力地信守戒律？只要自心没有执着偏见，用不着再去修习坐禅。知恩报恩，要尽孝道供养父母；知义守义，要扶助贫寒之人。恭敬礼让，就能使尊卑和睦相处；忍辱负重，就能消除争斗。如果能勤奋不懈地修行，即使处于污泥之中也会像出水红莲那样一尘不染。反复诚恳相劝的话语的确是治病的良药，尖锐中肯的话不中听，但那是忠直之言。知错必改一定产生智慧，文过饰非肯定是心怀叵测。平素常做些有利于他人的事，佛道不能通过施舍钱财来实现。觉悟的本性只能在自己的内心去寻找，何必劳神费力地向自身之外去寻找灵妙的佛性？听我说过这首偈以后要遵照它来修行，那么西方极乐世界就呈现在你的面前。”

【经文】

师复曰：“善知识，总须依偈修行，见取自性，直成佛道。时不相待。众人且散，吾归曹溪。众若有疑，却来相问。”时刺史官僚，在会善男信女，各得开悟，信受奉行[1]。

【注释】

①信受奉行：这是佛教经典最后常用的套话，意思是信徒听了佛所宣讲的教义，都坚信不疑地接受了，并且遵照佛的教诲去修行。这里当然是指对惠能所讲的教法“信受奉行”。

【白话】

惠能大师又说：“善知识，大家一定要根据这首偈颂来修行，认识自我的本性，直接实现佛道。修习佛道可不能拖延时间。大家先各自回家吧，我也要回曹溪了。如果大家还有什么疑难问题，就到曹溪来问我好了。”这时，韦刺史和众官员以及参加法会的善男信女们都有了正确认识，对惠能大师宣讲的教义深信不疑，遵循其教而修行。

定慧第四

【经文】

师示众云："善知识，我此法门，以定慧为本[①]。大众勿迷言'定慧别'。定慧一体，不是二。定是慧体，慧是定用[②]。即慧之时定在慧，即定之时慧在定。若识此义，即是定慧等学。诸学道人[③]，莫言'先定发慧，先慧发定[④]，各别'。作此见者，法有二相。口说善语，心中不善，空有定慧，定慧不等。若心口俱善，内外一如，定慧即等。自悟修行，不在于诤。若诤先后，即同迷人。不断胜负，却增我法，不离四相[⑤]。善知识，定慧犹如何等？犹如灯光。有灯即光，无灯即暗。灯是光之体，光是灯之用。名虽有二，体本同一。此定慧法，亦复如是。

【注释】

① 以定慧为本：即以定和慧为根本。以下专讲定慧，给定和慧赋予新的含义。

② 定是慧体，慧是定用："定"和"慧"的这种体用关系是禅宗独有的观点。

③ 诸学道人：这里是对听讲教法人的称谓。

④ 先定发慧，先慧发定：这是批判把定和慧区别对待的观点。传统佛教对定和慧的定义已经介绍，不再赘述。关于定和慧的关系，传统佛教主张"因定发慧"，认为在精神专注的心理状态下，能够加深对佛教义理的认识，产生佛教的"智慧"。《坛经》是极力驳斥这种观点的，认为先有定后有慧，或者先有慧后有定，都是不正确的认识。

⑤四相：主要有两种解释。其一，指事物或现象生成、存在、变异、毁灭的四个过程。其二，指四种错误观念，即“我相”（认为自我为实有）、“人相”（认为自我与其他众生不同）、“众生相”（认为自我依据五蕴而存在）、“寿者相”（认为自我的寿命不断）。佛教认为，有此“四相”就是众生而不是菩萨。此处“四相”用两种解释均可以讲通。

【白话】

惠能大师指示众人：“善知识，我所宣讲的教义，乃是以定和慧为根本。大家不要糊涂，竟然说‘定和慧是有区别的’。定和慧同为一体，不是两种东西。定是慧的内在本质，慧是定的效用功能，在出现智慧的时候定就存在于智慧之中，在入定之时，智慧也就存在于定之中。如果明白了这个道理，并且依此修行，就是定和慧平等无差别。诸位学习修行佛道的人，不要说‘先有定之后才能产生智慧，先有智慧之后才能产生定’，这是把两者彼此割裂开来，如果持有这样的见解，就等于认为佛教教义有两种互相不同的内容。只是口头上说些好听的话，内心却不怀好意，定慧就名存实亡了，定和慧也就不是一体了。如果心怀善意，口出善言，心口一致，内外相符，定和慧就是平等无差别的。自己明白了这些道理并且依此修行，就用不着和人争执辩论了。如果争论哪个先哪个后，哪个高哪个低，与愚昧无知的人是一样的。如果不清除较量胜负的念头，那么，执着于自我和执着于外在一切事物和现象的错误观念就更为严重了，就不能脱离事物或现象产生、存在、变异和毁灭的四个阶段，不能达到无生无死的境界。善知识，打个比方说，定慧的关系像什么呢？定慧的关系犹如灯和光的关系。有灯就有光明，没有灯就没有照亮黑暗的光明。灯是光的本体，光是灯的作用功效。它们的名称虽然是两种，它们的本体却只有一个。我所讲的关于定慧的理论，也正是这个道理。”

【经文】

师示众云：“善知识，一行三昧[①]者，于一切处，行住坐卧，常行一直心是也[②]。《净名经》[③]云：‘直心是道场[④]，直心是净土’。莫心行谄曲、口但说直；口说一行三昧，不行直心。但行直心，于一切法，勿有执著。迷人著法相，执一行三昧，直言‘常坐不动，妄不起心，即是一行三昧’。作此解者，即同无情[⑤]，却是障道因缘。善知识，道须通流，何以却滞？心不住法，道[⑥]即通流；心若住法，名为自缚。若言常坐不动是，只如舍利弗[⑦]宴坐[⑧]林中，却被维摩诘诃[⑨]。善知识，又有人教坐，看心观静，不动不起，从此置功。迷人不会，便执成颠，如此者众。如是相教，故知大错。”

【注释】

①一行三昧：也称作“一相三昧”，是一种实相念佛教法。据《文殊般若经》记载，修习这种禅定时，要以法界（即真如、实相）为观想对象，专心念佛，即可见到佛，由此得出离开心没有别的佛的认识。禅宗北宗神秀曾倡导这种禅定，并且强调静坐安心。《坛经》在此处正是批判这一观点，并对“一行三昧”有新的解释，请参见下文。

②于一切处……常行一直心是也：这里讲的一行三昧，就是不必拘泥于坐禅形式，也不要有意约束认识活动，不必要观想什么东西。这是对“一行三昧”的重大修正。

③《净名经》：即《维摩经》。

④直心是道场：《维摩经》所讲的“直心”，是指“诚实”和“正直”，《坛经》也用“直心”，指的是对一切事物和现象都不执着，强调无是无非、无善无恶的心念。对“直心”所包含的“诚实”和“正

直”的含义,《坛经》虽然也接受了，但并不是它所要强调的重点。“道场”是梵文意译，原指佛成道的场所，后来含义较广泛。可以指修行所依据的佛教教法，或指修行学道之处。在我国，隋炀帝曾诏令天下寺院名为道场。

⑤ 作此解者，即同无情：如果认为常坐不动就是修习一行三昧，那就和草木土石之类的无情识的众生一样了。

⑥ 道：此处即指“心不住法”，参见下文“无住为本”。

⑦ 舍利弗：全名“舍利弗多罗”，也称“舍利子”，释迦牟尼的十大弟子之一。据说他是古代印度摩揭陀国王舍城入，善于宣讲佛法。在释迦牟尼的弟子中，被称为“智慧第一”。

⑧ 宴坐：默然静坐，指坐禅。

⑨ 却被维摩诘诃：“维摩诘”也称“毗摩罗诘”、“净名”，是佛教菩萨。据《维摩经》记载，他是毗耶离城神通广大的大乘居士，曾与文殊师利等讨论佛法。维摩诘批评舍利弗坐禅的事出自《维摩诘经·弟子品》。《坛经》引用这个故事，是为了批判神秀强调打坐的观点。

【白话】

惠能大师指示大家：“善知识，所谓一行三昧，是讲在任何地方，无论或行或住，或坐或卧，都保持一种没有是非、对一切事物和现象都不作区别的心理状态。《净名经》上说：‘平等正直的心就是体现佛的处所，平等正直的心就是西方极乐世界。’不要心中怀着谄媚邪恶之念，只是在嘴上讲公平正直，口头上大谈一行三昧，心中却没有公平正直之念。要保持公平正直的心念，对一切事物和现象都不要迷恋和追求。愚昧无知的人迷恋和追求有形状的东西，错误地理解一行三昧，竟然开口便说‘长久静坐不动，心中不产生妄念邪想，就是一行三昧。’怀有这种见解的人，就和没有情感和精神的土木瓦石一样，这是有碍于修道证悟的原因。善知识，道必须是流动畅通不受阻碍的，怎么能阻挡滞塞它呢？如果自己在主观上对一切事物和现象都不执着，这就是道的流动畅通；如果自己的心执着于一切事物和现象，这就是自我束缚。如果说长久静坐不动的观点是正确的，就如同舍利弗当年在树林中长久静坐，后来却被维摩诘所斥责一样。善知识，又有一些人指导人们静坐，在静坐中观想心观想净，不能动身不能起念，以为如此修行就有功夫了。愚昧无知的人不懂得真正静坐的道理，就跟着这些人学，把错误的东西看成是正确的，像这样的人很多。这样教导僧众，当然一看就知道是大错特错了。”

【经文】

师示众云：“善知识，本来正教[①]，无有顿渐，人性[②]自利钝。迷人渐修，悟人顿契，自识本心，自见本性，即无差别。所以立顿渐之假名。

【注释】

① 正教：与真理相契合的说教，此处指禅宗教义，从字面上可译作“正确的教法”。

② 人性：此处指人的根性，不是指人的本性本心。

【白话】

惠能大师指示大家：“善知识，正确的教义本身原没有什么顿渐的划分，只是人有愚笨聪明之分。愚笨的人就要逐渐修行，有一个长期的修行过程；聪明人不需要长时间的修行，瞬间即可契合于道。自己能够认识自己的本心或本性，那也就没有什么顿渐的差别了。正是基于这样的原因，所以说顿渐不过是权且设立的名称而已。

【经文】

"善知识，我此法门，从上以来，先立无念为宗[①]，无相为体[②]，无住为本[③]。无相者，于相而离相；无念者，于念而无念；无住者，人之本性，于世间善恶好丑，乃至冤之与亲，言语触刺欺争之时，并将为空，不思酬害[④]。念念之中，不思前境。若前念、今念、后念，念念相续不断，名为系缚[⑤]。于诸法上，念念不住，即无缚[⑥]也。此是以无住为本。

【注释】

① 无念为宗：以"无念"为宗旨。"无念"并不是没有任何念头，没有思维活动存在，而是对一切现象都不产生贪取或舍弃的念头。对一切都不执着。"无念为宗"是对具体修禅的要求，也是契合无相之体的具体实践。"无念"实质上是宣扬自心不为世俗间的一切事物所束缚，宣扬对一切都采取无所谓的态度。

② 无相为体：以无相为本体。"无相"，即没有可见的形状，是与"真如"、"实相"、"涅槃"、"佛性"性质相同的一类词，是排除了世俗谬见以后的佛教终极真理。《坛经》中的"无相"指的就是与佛性没有区别的自我的本心或本性。由于自我的本心和本性是"无相"的，那它就不是一个在坐禅中可以观察思考的对象，由此和神秀"观心看净"的禅学形成了区别。

③ 无住为本：以"无住"为基础，"无住"是联系无相之体对无念的进一步发挥。人的本性是"于相而离相"的"无相"，所以在修禅中要不执着于一切现象，即"无念"，这种认识和体验要时时贯彻，"念念不住"，即每一个念头都不能执着于现象。这就始终与自我的本性相契合了，时时都显露出自我的本性。"无住"和上文"道即通流"所表达的意思相同。

④ 不思酬害：无论遇到什么情况，无论别人对自己怎么样，都不要想着去报复，都要采取"忍"的态度，采取无所谓的态度。这就

是无相、无念、无住的禅法理论在现实生活之中的应用。

⑤ 系缚：佛教是作为“烦恼”的同义词使用的，指扰乱身心、有碍于解脱的一切精神活动。如果不是“无住”的心态，而是思前想后，执着于目前，那么就是自我束缚了。

⑥ 无缚：联系上句的“系缚”讲，只有对一切现象，无论是现在的，过去的还是将来要出现的，都不执着（无住），那就是自我解脱了。

【白话】

善知识，我所宣讲的教义，从佛祖到现在，一直首先提出无念为宗旨，无相为本体，无住为基础，所谓无相的意思，是接触形相而又脱离形相；所谓无念的意思，是有念头而不执着于念头；所谓无住的意思，就是指人的自我本性了。对于世俗世界的善恶好坏，乃至仇家亲家，以及在受到言语攻击、欺骗和论争之时，都能把这一切视为空幻不真实的，不要想着去报答或报复。时时刻刻都不要追思过去的事。如果迷恋过去的事，执着于现在的事，追求将来的事，各种念头翻腾不息，劳心过度，这就叫作自我束缚了。如果心中对于一切事物和现象日日夜夜都无执着之念，这就是没有束缚。以上所讲，就是无住为基础的道理。

【经文】

“善知识，外离一切相，名为无相。能离于相，即法体[①]清净，此是以无相为体。善知识，于诸境上心不染，曰无念。于自念上常离诸境，不于境上生心。若只百物不思，念尽除却，一念绝即死，别处受身[②]。是为大错[③]，学道者思之。若不识法意，自错犹可，更误他人。自迷不见，又谤佛经，所以立无念为宗。

【注释】

① 法体：一切事物和现象的本体。“法”不仅是指有生有灭的世

俗间的事物或现象，也指没有生灭变化的所谓“出世间”的现象。这里的“法体”是侧重人的本性讲的。

② 一念绝即死，别处受身：如果没有念头，没有思维活动，那就是“死”了。但是，佛教所理解的“死”是与“再生”相联系的，此处的“死”意味着在别处的“转生”，所以叫“别处受身”，表明仍然处于生死轮回的苦海之中。

③ 是为大错：指那种“百物不思”，什么都不思考的观点是错误的，说明“无念”并不是“百物不思”，并不是没有念头。

【白话】

“善知识，脱离一切事物的外在形相，就叫作无相。如果能够脱离于形相，那么事物的本体就不受污染而纯洁清净，这就是以无相为本体的道理。善知识，自己的心不受所接触的世间事物和现象的污染，就叫做无念，在自己的心念之中，时时远离尘世间的事物和现象，自心不为尘世间的事物和现象所左右。如果只是什么都不想，没有任何思维活动，一点念头都没有，那就是死了。然而死与生是相联系的，在这里死去的同时又在别处转生，仍然脱离不了生死轮回。所以这种观点是非常错误的。学习修行佛教的人应该认真思考这个问题。如果不懂佛教的真正含义，自己犯了错误还是小事，要命的是还要把这些错误思想灌输给别人，从而害了别人。自己愚昧无知不懂佛教道理，反而去诽谤佛教的经典。正是基于这个原因，提出以无念为宗旨。

【经文】

“善知识，云何立无念为宗？只缘口说见性迷人，于境上有念，念上便起邪见。一切尘劳妄想[①]，从此而生。自性本无一法可得[②]，若有所得，妄说祸福，即是尘劳邪见。故此法门，立无念为宗。

【注释】

① 妄想：虚假不真实的现象叫“妄”，执着虚假不真实的一切认识活动都叫“妄想”。

② 自性本无一法可得：人的本性中具足一切，没有可以再从外部获得的。

【白话】

“善知识，为什么要提出无念为宗旨呢？只因为，那些嘴上说认识本性的愚昧无知者，对于一切事物和现象都执着追求，这样便产生出错误的观点。所有迷恋尘世的错误思想，都是从这里发端的。自我的本性中本来什么都不需要获得，如果自以为有所得，并且因此妄言祸福，这就是迷恋尘世的错误见解。所以我宣讲的教义要提出以无念为宗旨。

【经文】

“善知识，无者，无何物？念者，念何物？无者，无二相①，无诸尘劳之心。念者，念真如②本性。真如即是念之体，念即是真如之用③。真如自性起念，非眼耳鼻舌能念④。真如有性，所以起念。真如若无，眼耳色声，当时即坏。善知识，真如自性起念，六根虽有见闻觉知，不染万境，而真性常自在⑤。故经云：‘能善分别诸法相，于第一义而不动’。”⑥

【注释】

① 无二相：“二相”可以指一切相对立的现象或事物的两个方面，如生灭、有无、内外、人我、染净、是非、善恶等等，联系“无念”来讲“无二相”，是强调要从主观上对一切事物和现象都不加区别，从思想上泯灭一切差别对立。

② 真如：译自梵文，指事物的真实状况、真实性质。《坛经》常

以此代指“本性”。

③真如即是念之体，念即是真如之用：“念”是以真如本性为本体，它本身又是真如本性的功能或表现。

④真如自性起念，非眼耳鼻舌能念：属于人们认识活动的“念”是来自真如本性，而不是在感官所获得的感性材料基础上进行。因此，《坛经》所讲的这种“念”，相对于人们的世俗认识就是“无念”，相对于自我的真如本性，即禅宗所认为的终极真理，却又是有“念”。“无念”成了以否定世俗认识为特征的禅宗智慧的表现。

⑤真如自性起念，六根虽有见闻觉知，不染万境，而真性常自在：“六根”指人的眼、耳、鼻、舌、身、意等六种感觉和认识器官，“万境”在这里泛指一切认识对象。人的各种感官虽然有认识功能，但是在真如本性的支配下，对一切认识对象都视而不见，听而不闻，不受它们的干扰，不被它们所染污。只有在这样的情况下，真如本性才显现出来，自在而不受阻滞。

⑥故经云：“能善分别诸法相，于第一义而不动”：语出《维摩经·佛国品》。“第一义”指佛的智慧，佛教的真理。这一句的大意是说：如果能善于分辨，认识和理解一切事物和现象，自然也就能坚信佛教的真理。

【白话】

“善知识，所谓无是没有什么东西呢？所谓念是念什么东西呢？所谓无，是指没有差别对立，没有各种迷恋尘世的错误思想。所谓念，是思念与如来佛性相等同的自我的本性。真正的如来佛性是念的本体，念就是真如佛性的功效作用。真如本性是自我起念头，自我认识，并不是通过眼睛、耳朵、鼻子、舌头等感觉器官来把握现象。真如佛性是每个人先天具有的内在本性，所以才能产生心念。如果真如佛性没有了，也就是人的自我本性没有了，那么眼睛就看不清颜色，耳朵听不到声音，六种感觉器官就坏死了。善知识，真如本性是自我起念头，自我认识，因此，六种感觉器官虽然有视听感觉以及理解的功能，却不会被尘世间的一切事物和现象分别污染，而且真正的本性永恒地自由自在，所以佛经上说：‘能够正确地分辨各种事物和现象，坚持佛教的终极真理而不会左右摇摆’。”

坐禅第五

【经文】

师示众云："此门坐禅[①]，元不著心，亦不著净[②]，亦不是不动[③]。若言著心，心元是妄，知心如幻故，无所著也[④]。若言著净，人性本净，由妄念故，盖覆真如。但无妄想，性自清净。起念著净，却生净妄。妄无处所，著者是妄。净无形相，却立净相，言是工夫，作此见者，障自本性，却被净缚[⑤]。

【注释】

① 坐禅：即坐而修禅。修禅要有一定的坐的姿势，一般是"结跏趺坐"。所谓结跏趺坐有两种主要形式：其一，两足交叉置于左右股上，这叫"全跏坐"，俗称双盘。如果先以右足押左股，再以左足押右股，称为"降魔坐"；如果先以左足押右股，后以右足押左股，两足仰于两股之上，称为"吉祥坐"，这种坐姿难度较大。其二，单以右足押左股上，或单以左足押右股上，叫"半跏坐"，俗称"单盘"。这是传统佛教对修禅坐姿的一般要求。《坛经》完全否定了传统佛教对坐禅的各种繁琐要求，并不主张在修禅过程中有什么固定的坐姿；《坛经》对"坐"与"禅"都有新的解释，请参见下文。

② 元不著心，亦不著净：本节所出现的"著"字，其它一些《坛经》版本作"看"，都是指在修禅过程中"观望"。"著心""著净"，是指在修禅过程中观想或者思考心的形相和清净的形相。"元不著心，亦不著净"，是指在修禅过程中既不观想"心"也不观想"净"。这是对北宗神秀所倡导的禅法进行批判。

③ 亦不是不动："不动"既指坐禅时身体静止不动，也指"心"

的不动。

④若言著心，心元是妄，知心如幻故，无所著也：如果主张在修禅过程中观想心，那是错误的，因为“心”是虚幻不实的，不是可以在修禅中进行观想的“实体”。另外，还有一种解释：由于可见有形的东西都是虚幻不实的，如果在修禅过程中有一个可供观想或思考的“心”，那么这个“心”就必然是虚幻不实的，是不能作为观想对象的。

⑤净缚：指被所要观想的“净相”所束缚。因为一切“有相”都是虚妄的，“净相”也是虚妄不真实的，观想、思考这种不真实的净的境界，就是受到了它的束缚，有碍于明心见性。

【白话】

惠能大师指示众人：“我所讲的坐禅，原本不要求观想心，也不要求观想清净境界，也不要求静坐不动。如果主张观想心，心原本是虚妄不实的，既然知道心的虚妄，所以它也就不是可以观想的对象了。如果主张追求观想清净的境界，人的本性先天纯洁清净，因为有妄想邪念，才遮盖了自我的真如本性，只要没有妄想邪见，自我的本性自然清净。如果有追求观想清净的主观心念，反而产生了对清净的错误理解。虚妄没有固定的产生地，执意追求的主观愿望就是虚妄。清净的境界本来无影无形，硬要树立一个清净的形相作为观想的对象，并且说这就是修行做工夫。持这种观点的人，会阻碍他们认识自己的本性，反而被所追求的清净境界所束缚。

【经文】

“善知识，若修不动者，但见一切人时，不见人之是非、善恶、过患，即是自性不动[①]。善知识，迷人身虽不动，开口便说他人是非、长短、好恶，与道违背。若著心著净，即障道也。”

【注释】

①自性不动："不动"原指坐禅时身体保持特定的姿势，静止不动。《坛经》把"不动"解释为不加区别地看待一切人。因此，人们不从主观上分辨是非曲直，就是所谓"自性不动"。

【白话】

"善知识，如果要修行真正的'不动'，只要在看到任何人时，对他们的是非、善恶、过失都不理会和分辨，就是自我本性的真正'不动'。善知识，愚昧无知的人整天打坐，身体虽然静而不动，但是一开口就数落别人，说是非、论长短、评好恶，这是与佛道相违背的。如果追求观想心或清净境界，便是有碍于修道。"

【经文】

师示众云："善知识，何名坐禅①？此法门中，无障无碍，外于一切善恶境界，心念不起，名为坐②；内见自性不动，名为禅。善知识，何名禅定？外离相为禅③，内不乱为定。外若著相，内心即乱；外若离相，心即不乱。本性自净自定，只为见境思境即乱。若见诸境心不乱者，是真定也④。善知识，外离相即禅，内不乱即定，外禅内定，是为禅定。《菩萨戒经》云：'我本元自性清净'。于念念中，自见本性清净，自修自行，自成佛道。"

【注释】

①何名坐禅：即什么叫坐禅。坐禅这一概念本来是十分清楚的，《坛经》在此处以重新解释这一名词的方式宣扬禅宗的观点，这也是禅僧惯用的方法。

②名为坐：修禅时所采用的结跏趺坐被解释成了自心不执着于外在的事物和现象，身体的姿势成了心理状态。

③外离相为禅："离相"，字面意思是"脱离相"，即脱离外在的

事物和现象。实际上，这是就“心”而言的，是讲自心对外在的事物和现象都不执着，都不作任何区别。这就叫禅。因此，“禅”已不是按照一定的程序思考特定的教义，也不是思考“心”或清净的境界，而是自心不受一切外在现象和自我情绪波动影响的心理状态。

④若见诸境心不乱者，是真定也：传统佛教所讲的“定”，是“心一境性”，即内心专注一境而不散乱的精神状态。在这里，“定”是自心不为所接触的“诸境”所干扰，否定要专注于一境。这里讲的“真定”实际与所讲的“禅”和“坐”意思大体相近。

【白话】

惠能大师指示众人：“善知识，什么叫坐禅呢？在我所宣讲的教义中，自己的心不受任何阻碍，自由自在，对外而言，自心不为一切或善或恶的事物和现象所左右，这就叫‘坐’；对内而言，认识自我的本性原本不动，这就叫‘禅’。善知识，什么叫禅定？自己的心不受外在一切事物和现象的干扰就是禅，保持内心宁静而不散乱就是定。如果追求外在的事物或现象，自己的内心必然散乱，如果脱离外在的事物或现象，内心就不会散乱了。人的本性原本清净宁静，只因为接触并且追求外在的事物或现象才乱而不静。如果接触了外在的诸种境界又能保持自心不为其所乱，这就是真正的‘定’了。善知识，在外脱离各种有形相的事物即是禅，内心宁静不散乱即是定。这就是外禅内定，叫做禅定。《菩萨戒经》说：‘我的本性先天就是纯洁清净的。’要在自己萌发的每一个念头之中，自己去认识自己本性的清净纯洁，自己去修习，自己去实践体验，自己去实现佛道。”

忏悔第六

【经文】

时，大师见广韶[①]洎四方士庶骈集山中听法，于是升座，告众曰："来，诸善知识。此事[②]须从自性中起，于一切时，念念自净其心，自修自行，见自己法身，见自心佛，自度自戒，始得不假到此。既从远来，一会于此，皆共有缘，今可各各胡跪[③]，先为传自性五分法身香[④]，次授无相忏悔[⑤]。"众胡跪。

【注释】

① 广韶：广州和韶州。

② 此事：指明心见性的成佛解脱。

③ 胡跪：即胡人的跪坐方式，有三种：左跪、互跪和长跪。佛教采取左跪方式，即右膝着地，其足指竖起，右股置空，竖左膝，左足踏地。在跪的时候，左右手都要拄地。这是表示敬意的姿势。

④ 自性五分法身香：以戒、定、慧、解脱、解脱智慧（知见）五种功德法而成的佛身叫"五分法身"。"解脱"是指消除了愚惑，即消除了因不懂佛教而造成的愚昧无知。由于禅宗认为这五种功德法而成的佛身均存在于自我的本性之中，所以叫"自性五分法身"。"五分法身香"仍然采用传统说法，即戒香、定香、慧香、解脱香、解脱知见香。

⑤ 无相忏悔："忏悔"，指对人讲述自己的过失，表示悔过自新，并请求容忍和宽恕。佛教规定，僧侣每半个月集合一次，念诵戒规，给犯戒者以承认错误、表示悔改的机会。后来产生了忏悔文、忏仪

之类的书，形成以消弥自己和他人过失，并为自己和他人祈福弥罪的一种宗教仪式。禅宗不注重忏悔的具体形式和规定，只强调个人的心理调节，正是在这个意义上使用“无相忏悔”。以下讲的“无相忏悔”都是从自心自性上讲的，与传统佛教关于忏悔的说法并不相同。禅宗认为，通过这种以心理调节为主要内容的“忏悔”，就能消除一切罪业，免受业报之苦。

【白话】

当时惠能大师看到，广州、韶州及其他地方的学士和百姓都来到山中，希望听讲佛法，就登上讲台，对大家说：“来吧，诸位善知识。修行佛道这件事必须从自己的本性上做起，在任何时候，在出现的每一个念头中，都要自己使自己的内心纯净，自己修习自己实践，认识自己的法身，认识自己心中的佛，自己拯救自己，自己遵守自己的戒律，这样才不枉你们来此地一趟。既然诸位从四面八方远道而来，共同会聚于此地，说明我们大家都有缘分。现在请大家都右膝着地跪下，我先为大家传授自性五分法身香，然后再传授无相忏悔。”大家都依言跪下。

【经文】

师曰：“一戒香，即自心中无非无恶，无嫉妒、无贪瞋、无劫害，名戒香[①]。二定香，即睹诸善恶境相，自心不乱，名定香[②]。三慧香，自心无碍，常以智慧观照自性，不造诸恶，虽修众善，心不执著，敬上念下，矜恤孤贫，名慧香。四解脱香，即自心无所攀缘[③]，不思善，不思恶，自在无碍，名解脱香。五解脱知见香，自心既无所攀缘善恶，不可沉空守寂，即须广学多闻，识自本心，达诸佛理，和光接物，无我无人，直至菩提，真性不易，名解脱知见香[④]。善知识，此香各自内熏[⑤]，莫向外觅。

【注释】

① 戒香：本指信守戒律所获得的功德如同香味一样弥漫四方，这种“香”味胜过麝香。“香”是一种比喻，以下的“香”都是在这个意义上使用的。传统佛教强调遵守各种戒条，使僧侣止恶修善。《坛经》在这里讲的“戒香”，是不区分是非善恶，同时也没有任何害人之念的心理状态。与佛教传统上讲的止恶修善不同。

② 定香：也是和“戒香”联系起来讲的，把自心不受或善或恶的事物和现象的干扰称为“定香”。

③ 攀缘：用猿猴攀依树枝来比喻，指人从主观上追求外在的万事万物，随外物的转移而自心有所变化。

④ 名解脱知见香：以上讲的戒香、定香、慧香、解脱香和解脱知见香，都是围绕禅宗的基本思想来发挥，强调保持不分善恶、对外无所追求，对内也无执着的心理状态。这与传统佛教讲的“五分法身香”是不同的，《坛经》把这一切都视为人本身所具有的，获得这一切只是个人的心理调节问题，只是明见自我的本心本性问题。

⑤ 内熏：“熏”即熏修或熏陶，就如同用香熏衣服使其有香味一样，修行者要接受佛教的熏染，从而使自己的行为、语言和思想都符合佛教的教义，这里的“内熏”指按照禅宗的理论“熏修”自我的“心”。

【白话】

惠能大师说：“第一是戒香，自己心中没有是非，没有忌妒、贪欲、愤怒的情感，没有杀人越货的念头，这就叫戒香。第二是定香，在看到一切或善或恶的事物和现象时，自己内心并不受其干扰，这叫做定香。第三是慧香，自己内心自由自在，不受任何阻碍，常用智慧来观察、审视和映照自己的本性，不做任何坏事。虽然做了许许多多的善事，但是自己并不迷恋自己所做的这一切。尊敬长辈，关怀体贴下等人，怜悯孤独贫穷者，这叫做慧香。第四是解脱香，不迷恋、追求外在的一切事物和现象，既不有意行善事，也不有意行恶事，自由自在，自心不受任何阻碍滞塞，这叫做解脱香。第五是解脱知见香，既然没有迷恋和追求或善或恶的心念，也不要沉溺于空妄寂寥的体验，应该广泛参学多听教诲，认识自己的本心，精通诸佛的教理，与尘俗之人友好相处，根据他们各自的特点，利用适当的方法，拯救他们脱离生死轮回的苦海。自成佛道而又不执着于自我，拯救世人而又不执着于此，从开始修行一直到觉悟成佛，真如自性毫不变异，这叫做解脱知见香。善知识，这种五分法身要在内心自己熏染，不要向自身之外去寻求。

【经文】

“今与汝等授无相忏悔，灭三世①罪，令得三业②清净。善知识，各随我语，一时道：弟子等，从前念今念及后念，念念不被愚迷染，从前所有恶业③愚迷等罪，悉皆忏悔，愿一时销灭，永不复起。弟子等，从前念今念及后念，念念不被骄诳染。从前所有恶业骄诳等罪，悉皆忏悔，愿一时销灭，永不复起。弟子等，从前念今念及后念，念念不被嫉妒染，从前所有恶业嫉妒等罪，悉皆忏悔，愿一时消灭，永不复起。善知识，已上是为无相忏悔。

【注释】

①三世：也称“三际”。“世”有变迁流传的意思，指个体众生存在的时间。“三世”即过去、现在和未来三个相互衔接的阶段。佛教认为，有情众生现在的生存叫“现世”，死后又转生叫“来世”，未到现世之前的生存叫“前世”。没有获得解脱的众生都处于这种无休止的生死轮回之中。

②三业：指身业、口业和意业，分别指人们的行为、语言和思想。

③ 恶业：指不符合佛教教义的行为、语言和思想。佛教认为，人们之所以做恶业，都是因不懂佛教的愚昧无知所引起的。

【白话】

现在我给你们传授无相忏悔，以便消除你们过去、现在、未来三世的罪业。使诸位在行为、语言和思想三个方面都纯洁无瑕。善知识，请各位随我一齐说：我们众位弟子，以前、现在和将来出现的每一个念头，在有思维活动存在的每一瞬间，都不受愚昧无知的污染，时时不起愚蠢的念头，以前所犯下的所有愚迷罪业，全部坦白承认，希望这些罪业能在瞬间全部消除干净，并且永远不再重犯。我们众位弟子，以前、现在和将来出现的每一个念头，在有思维活动存在的每一瞬间，都不被骄傲狂妄所污染，时时不起骄傲狂妄的念头，从前犯下的所有骄傲狂妄的罪业，全部坦白承认，希望这些罪业能在瞬间全部消除净尽，永远不再重犯。我们众位弟子，以前、现在及将来出现的每一个念头，在有思维活动存在的每一瞬间，都不为忌妒所污染，时时不起忌妒之念，从前犯下的所有忌妒罪业，全部坦白承认，希望这些罪业能在瞬间消除净尽，永远不再重犯。善知识，以上就是无相忏悔。

【经文】

“云何名忏，云何名悔？忏者，忏其前愆，从前所有恶业、愚迷、骄诳、嫉妒等罪，皆尽忏，永不复起，是名为忏。悔者，悔其后过，从今以后，所有恶业、愚迷、骄诳、嫉妒等罪，今已觉悟，悉皆永断[①]，更不复作，是名为悔，故称忏悔。

【注释】

① 永断：即彻底消除，不再产生影响。

【白话】

“什么叫忏，什么叫悔？所谓忏，就是承认坦白以前的罪过，从前所有的罪过，不认识自我本性的愚昧无知、骄傲狂妄忌妒等罪过，全部坦白承认，永远不再重犯，这就叫做忏。所谓悔，就是警惕预防将来可能会犯的罪业，从今以后，所有的恶业、愚昧无知，骄傲狂妄、忌妒等过失，现在已经认识，并且已经全部消除，将来不再重犯，这就叫做悔，所以称为忏悔。

【经文】

“凡夫愚迷，只知忏其前愆，不知悔其后过，以不悔故，前愆不灭，后过又生。前愆既不灭，后过复又生，何名忏悔？

【白话】

“凡夫俗子迷于本性，愚昧无知，只知道坦白承认以前的各种罪业，不知道警惕预防以后可能再犯过失。由于不警惕预防以后可能会犯过失，以前的罪业不但没有消除，后来又接着出现过失。既然以前的罪业没有消除，后来又重犯过失，这怎么能叫忏悔？

【经文】

“善知识，既忏悔已，与善知识发四弘誓愿①。各须用心正听。自心众生无边誓愿度②，自心烦恼无边誓愿断，自性法门无尽誓愿学③，自性无上佛道誓愿成④。善知识，大家岂不道：‘众生无边誓愿度’，恁么道⑤，且不是惠能度。

【注释】

① 四弘誓愿：原指大乘佛教的菩萨为了拯救处于生死轮回苦海中的芸芸众生，立下的四个誓言和愿望。《坛经》所讲的“四弘誓愿”

的名称来自传统佛教经典，但又都是从自心和自性上立论的，所以又分别赋予它们新的含义。

② 自心众生无边誓愿度：传统佛教讲的“四弘誓愿”是菩萨以拯救众生为目的，第一个誓愿是“誓度一切众生”，即发誓拯救现实世界中的众生。《坛经》这里讲的“众生”则不是现实中的有情生物，而是存在于自己心中的一切有碍于解脱的思想和情绪。这样，原为菩萨拯救（度）世人的现实行动成了自我的内心活动。

③ 自性法门无尽誓愿学：佛教经典原来讲“誓学一切法”，即发誓要学习和修行一切佛教教法，“一切法”是外在的，是要接受和信奉的。而《坛经》这里讲的“无尽”“法门”则是存在于自我本性之中的。

④ 自性无上佛道誓愿成：无上佛道也存在于自我的本性之中，所以成就佛道也是自我的成就。

⑤ 恁么道：即“这样说”的意思。

【白话】

“善知识，既然已经传授了无相忏悔，现在我给诸位善知识宣讲四弘誓愿，诸位必须诚意认真听讲，自己心里难以数计的众生，要发誓拯救他们；自己心中有难以数计的错误思维和不良情感，要发誓消除它们，自己本性中有难以穷尽的教法，要发誓修习它们，自己本性有至高无上的佛道，要发誓实现它们。善知识，大家不是都说：‘有难以数计的众生，要发誓拯救他们？’这么说，是要求诸位自己去拯救，并不是靠惠能去拯救。

【经文】

“善知识，心中众生[①]，所谓邪迷心，诳妄心，不善心，嫉妒心，恶毒心，如是等心，尽是众生。各须自性自度，是名真度。何名自性自度？即自心中邪见、烦恼、愚痴众生，将正见[②]度。

既有正见，使般若智打破愚痴迷妄众生，各各自度，邪来正度，迷来悟度，愚来智度，恶来善度，如是度者，名为真度。

【注释】

① 心中众生：这里的“众生”已不是指包括人在内的一切有情识的生物，而是指不符合禅宗教义的各种错误思想和不良的情绪、情感。由于考虑行文的方便，我们在译文中仍使用“众生”一词。以后不再注出。

② 正见：即正确的见解。佛教各派都把符合本派教义的观点称为“正见”，因此在不同的佛教派别中，“正见”所包含的内容就有差异。《坛经》中的“正见”，即是符合禅宗教义的思想和观点。

【白话】

“善知识，我所讲的自己心中的众生，指的是迷于本性的错误认识，骄横狂妄的情绪，不怀善意的心思，忌贤妒能的念头，伤害他人的欲望，所有这些欲心杂念都属于‘众生’。各人必须做到自己本性自己度，这才叫真正的拯救；什么叫自己本性自己度？就是对自己心中的错误思想、不良情绪和情感，用正确的佛法来纠正。既然有了正确的观点，让般若智慧消除愚昧无知，消除错误的思想和观点，消除不良的情绪和情感，这就是拯救了心中的众生。每个人都要自己拯救自己，当错误的观点出现时用正确的观点纠正；当迷失本性的念头出现时用认识本性的念头来纠正；当愚昧的念头出现时用智慧的念头来纠正；当邪恶的念头出现时用善良的念头来纠正。这样拯救心中的众生，才称为真正的度。

【经文】

“又烦恼无边誓愿断，将自性般若智[①]，除却虚妄思想心是也。又法门无边誓愿学，须自见性，常行正法[②]，是名真学。又无上佛道誓愿成，即常能下心，行于真正，离迷离觉，常生般若。除真除妄，即见佛性，即言下佛道成。常念修行，是愿力[3]法。

【注释】

①自性般若智：即存在于自我本性中的般若智慧。

②正法：即具有“真理性”的教法，既可以指佛教的所有典籍，也可以指佛教的具体修行。佛教各派都把自己的教法称为“正法”。这里的“正法”就是禅宗的教法。

③愿力：可以理解为所立誓愿产生的力量，已不是特指佛、菩萨的愿力。

【白话】

“另外，错误的思想和不良的情绪难以数计，要发誓消除它们，这是说要用自我本性中固有的般若智慧消除错误的思想及不良的心态，有难以穷尽的教法，要发誓去学习和修行，这是说要正确认识和体验自己的本性，时常按照正确的教法行事，这才叫真正的修学。有至高无上的佛道，要发誓去实现，这是说要时常有体贴怜悯下等人的情感，行事真诚，没有偏执，不执着于愚昧也不追求觉悟，使般若智慧因此出现。消除真实也消除虚妄，就可以认识佛的本性，就可以当下实现佛道。必须时时以修行佛法为念，这就是修行四弘誓愿的正确方法。

【经文】

“善知识，今发四弘愿了，更与善知识授无相三归依戒[1]。善知识，归依觉，两足尊[2]；归依正，离欲尊[3]；归依净，众中尊[4]。从今日起，称觉为师，更不归依邪魔外道[5]。以自性三宝[6]，常自证明。劝善知识，归依自性三宝。佛者，觉也；法者，正也；僧者，净也[7]。自心归依觉，邪迷不生，少欲知足，能离财色，名两足尊。自心归依正，念念无邪见，以无邪见故，即无人我贡高[8]、贪爱、执着，名离欲尊。自心归依净，一切尘劳爱欲境界，自性皆不染著，名众中尊。

【注释】

① 无相三归依戒："三归依"是梵文的音译，简称"三皈"，也作"三皈戒"。佛教规定，在教徒入教时，必须于师父面前受"三皈戒"，即"皈依佛、皈依法、皈依僧"，表示要归顺信奉佛、佛教教义和僧众。"无相三归依戒"则是自心的归依，并不是归顺和信奉外在的崇拜对象。

② 两足尊：福报和智慧两者充足圆满。另外，这也是佛陀的一个尊号，意思是说，在长着多只脚和无脚的众生中，以长着两只脚的人和天神最为尊贵，在长着两只脚的众生中，又以佛最为尊贵，所以称佛为"两足尊"。此处的"两足尊"正是在这个意义上使用的，但又赋予新意。

③ 归依正，离欲尊："正"是"正法"，即指禅宗的教法。"离欲"，消除了尘世间的一切贪欲妄想。

④ 归依净，众中尊："净"是指不受世俗间的"尘埃"污染，"众"可以理解为"众生"，特别是指人和天神。

⑤ 邪魔外道：这是佛教经典上常用的词，指不懂佛教教义的人和佛教以外的派别。这里可以理解为指禅宗南宗以外的派别，包括神秀的北宗。

⑥ 自性三宝："三宝"是梵文意译，"佛宝"，可以泛指包括释迦牟尼在内的一切佛；"法宝"，佛教的教义；"僧宝"佛教僧侣。"自性三宝"则是自我本性中固有的"觉"、"正"、"净"。

⑦ 僧者，净也："僧"是梵文音译之略，亦译"僧"、"僧伽"等。意译"合"、"众"、"和合众"、"法众"等。原是指僧团，中国佛教典籍中一般也指单个的僧人。把"僧"解释为"净"是禅宗的发挥。

⑧ 贡高：傲慢自大之意。

【白话】

“善知识，现在已发过四弘誓愿，我再给诸位善知识传授无相三归依戒。善知识，归顺信奉觉悟就是福报和智慧圆满的两足尊；归顺信奉正确的教义，就是消除贪欲妄想的离欲尊；归顺信奉不染俗尘的清净，就是受到天神和世人尊敬的众中尊。从今天开始，我们要称觉悟为师父，不去归顺信奉邪魔外道。用自己本性的这三宝时常自我考察和衡量。奉劝告诫诸位善知识，归顺信奉自我本性的三宝。所谓佛就是觉悟，所谓法就是正确的教义，所谓僧就是不染俗尘的清净。自己的心归顺信奉了觉悟，不正确的思想和观点就不会产生，清心寡欲并且知足常乐，能够摆脱钱财和女色的诱惑，这就叫福报和智慧充实的两足尊。自己的心归顺信奉了正确的教义，出现的每一个念头就都不会是错误的。由于没有错误的念头，就没有唯我独尊的骄横、贪求爱恋的欲望、愚蠢追求的固执，这就叫消除贪欲妄想的离欲尊。自己的心归顺信奉不染俗尘的清净，一切尘世的事物和现象都不会染污自我的本性，这就叫受天神和世人尊敬的众中尊，即是一切有情众生中间最尊贵者。

【经文】

“若修此行，是自归依。凡夫不会，从日至夜，受三归戒。若言归依佛，佛在何处？若不见佛，凭何所归，言却成妄。善知识，各自观察，莫错用心，经文分明言：‘自归依佛’，不言‘归依他佛’①。自佛不归，无所依处。今既自悟，各须归依自心三宝。内调心性，外敬他人，是自归依也。

【注释】

①经文分明言：“自归依佛”，不言“归依他佛”：《坛经》讲的是禅宗的新理论，与传统佛教的教义有很大区别。但是为了表明禅宗

是传佛心印，《坛经》往往引用佛经中的语句来论证。《华严经·净行品》中有这样的句子：“自归依佛，当愿众生体解大道，发无上心。”这里的“自归依佛”，仍是把“佛”作为外在崇拜对象来看待的，并没有归依自身中的佛的意思。

【白话】

“如果照此修行，就是自己归顺信奉自己。那些凡夫俗子并不懂得这些道理，从早晨到晚上，总是要求受三归戒。如果说他们要归顺信奉佛，佛到底在什么地方？如果他们说见不到佛，那又凭什么去归顺信奉佛？所以他们归依佛的言语反而成了假话。善知识，各位仔细观察考虑一下，不要错用了心思，经文中明确说‘自归依佛’，并没有说要归顺信奉别的什么佛。如果不归顺信奉自己本性中先天具有的佛，那就没有归顺信奉的处所或对象了。现在大家既然已经理解了，各位就必须归顺信奉自己心中先天具有的三宝，在内调节自己的心理，对外礼敬他人，这就是自己归顺信奉自己了。

【经文】

“善知识，既归依自三宝竟，各各志心，吾与说一体三身自性佛①，令汝等见三身，了然自悟自性，总随我道：于自色身②归依清净法身佛，于自色身归依圆满报身佛③，于自色身归依千百亿化身佛④。善知识，色身是舍宅，不可言归。向者三身佛在自性中，世人总有，为自心迷，不见内性，外觅三身如来⑤，不见自身中有三身佛。汝等听说，令汝等于自身中见自性有三身佛。此三身佛从自性生，不从外得。

【注释】

① 一体三身自性佛：“三身”指三种佛身。佛教关于佛身的说法

很多，关于三身佛也有多种分类，有法身、报身、应身；自性身、受用身、变化身；法身、应身、化身；法身、报身、化身。其中最后一种分类是大小乘佛教都采用的。《坛经》所采用的也是这一分类。“一体三身自性佛”不仅是指三身佛同为一体，而且是指三身佛都存在于自性之中。这就是禅宗的新说法了。

② 色身：佛教所讲的“色”，是指能变坏有质碍的事物，与“心”相对，与“物质”概念相近似。“色身”指由地水火风四种物质要素（色法）组成的身体。相对于佛身而言，色身还分出实色身和化色身；实色身指诸佛由于有无量功德而得到的异常庄严之身，这是惟佛才具有的色身；化色身指诸佛为拯救众生而根据不同情况变化出的种种身体。《坛经》讲的“色身”不是就佛身而言，是指现实人的肉体。

③ 报身佛：指以法身为因，经过修习而获得的佛果之身。作为净饭王太子的释迦牟尼在世上生活了八十年的身体就是报身。

④ 化身佛：指佛为拯救众生，根据三界六道的不同情况和需要而现出的身体，可以指释迦牟尼的生身，也可指变现混迹于世间之天、人、鬼、龙等。

⑤ 三身如来：“如来”是梵文意译，是佛的十号之一。“如”亦名“如实”，即真如，指佛所说的“终极真理”，依此真如达到佛的觉悟。“三身如来”与上文“三身佛”意思相同。

【白话】

“善知识，既然已经归顺信奉自己本性的三宝，诸位要诚心诚意，我给你们宣讲一体三身自性佛，让你们见到三身佛，认识明了自己的本性。大家都随我一齐说：以自己现在的肉体色身归顺信奉清净的法身佛，以自己现在的肉体色身归顺信奉圆满报身佛，以自己现在的肉体色身归顺信奉千百亿化身佛。肉体色身如同安置三身佛的房舍，不能说归顺信奉它。三身佛原本在自己的本性之中，世间的人都先天具有这三身佛，由于自心迷惑，认识不到内在的佛性，向自身之外寻找三身如来佛，却不知道自己肉体色身之中就有三身佛。你们听我宣讲，让你们在自己的肉体色身中认识自己本性中固有的三身佛。这三身佛是从自己的内在本性中产生的，不是从外面获得的。

【经文】

“何名清净法身佛？世人性本清净，万法从自性生。思量一切恶事，即生恶行；思量一切善事，即生善行。如是诸法在自性中。如天常青，日月常明，为浮云盖覆，上明下暗。忽遇风吹云散，上下俱明，万象皆现。世人性常浮游，如彼天云。善知识，智如日，慧如月，智慧常明。于外著境，被妄念浮云盖覆自性，不得明朗。若遇善知识，闻真正法，自除迷妄，内外明彻，于自性中，万法皆现。见性之人，亦复如是，此名清净法身佛。

【白话】

“什么叫清净法身佛？世界的人本性先天纯洁清净，一切事物和现象都是从本性中产生出来的。思念任何恶事，即会产生恶的行为；思念任何善事，即会产生善的行为。一切事物和现象就是这样存在于自我的本性之中。如同天空总是晴朗的，日月总是明亮的，只因为游动的浮云遮盖，造成上面明亮而下面黑暗。忽然有风吹散浮云，天上地下都明亮了，一切景象都清晰可见了。世间人的性情时常变化，就如同天上浮云的游动一样。善知识，智就如同太阳，慧就如同月亮，智慧总是如日月常明。由于人们思念追求外在的事物和现象，自我的本性被妄心念的浮云所遮盖，如同日月的智慧就不明亮了。如果遇到道德高尚，学问精湛并且富有智慧的导师，听到真正的佛法，自己驱除迷惑妄念，消除错误的思想和不良的情绪，就内外明彻，在自己的本性之中，一切事物和现象就清晰地呈现出来。认识了自我本性的人，就是这样。

这就叫清净法身佛。

【经文】

“善知识，自心归依自性，是归依真佛。自归依者，除却自性中不善心、嫉妒心、谄曲心、吾我心、诳妄心、轻人心、慢他心、邪见心、贡高心，及一切时中不善之行，常自见己过，不说他人好恶，是自归依。常须下心，普行恭敬，即是见性通达，更无滞碍，是自归依。

【白话】

“善知识，自己的心归顺信奉自己的本性，就是归顺信奉真正的佛。归顺信奉自己本性的人，就要根除自己本性中的邪恶妄念、忌贤妒能、阿谀逢迎、唯我独尊、骄横自大、蔑视他人、无礼待人、固执偏见、高傲自负等心理。根除在任何时候出现的不善行为，能够时常认识自己的过错，不要议论别人的是非好坏，这就是归顺信奉自己的本性。经常有怜悯体贴他人的情感和心意，普遍尊敬一切人，这就是认识了本性而自心通达没有偏执。这就是归顺信奉自己的本性。

【经文】

“何名圆满报身，譬如一灯能除千年暗，一智能灭万年愚。莫思向前，已过不可得；常思于后，念念圆明，自见本性。善恶虽殊，本性无二。无二之性，名为实性①。于实性中，不染善恶，此名圆满报身佛。自性起一念恶，灭万劫善因；自性起一念善，得恒沙②恶尽。直至无上菩提。念念自见，不失本念，名为报身。

【注释】

①实性：与法性、真如、实相、涅槃等概念性质相同。指事物

或现象的本质、本体、本源。佛教各派对实性有不同的解释，这里的实性与“本性”意思相同。

②恒沙：即“恒河沙”，恒河位于今印度、孟加拉境内。释迦牟尼曾在恒河流域一带传教。佛教经典中常以“恒河沙”（即恒河边的沙粒）比喻数量之大，不可计算。此处的“恒沙”即是在这个意义上使用的。

【白话】

“什么叫圆满报身佛？比如一盏明灯可驱散千年的黑暗，一种智慧能消除万年的愚昧。不要一味追忆迷恋过去以往，已经过去的事情不能重新出现，已经失去的东西不能重新获得。经常考虑以后将来，心中出现的每一个念头都要保持明白清醒，自己认识自己的本性。善与恶虽然完全不同，但是自我的本性却没有两种性质，这种平等无差别的同一性质，就叫作真实的本性。在自己这种真实的本性中，不沾染善也不沾染恶，这就叫圆满报身佛。如果从自己的本性中产生一个恶念头，那么以前多世所修行的善也就荡然无存了；如果从自己的本性中产生一个善念头，那么像恒河岸边沙粒一样多的恶业也就完全消除净尽了。从下决心立誓愿开始修行，直到最后实现至高无上的觉悟，能够在每一个念头中，在每一个思维活动存在的瞬间，都能正确认识自己的本性，并且时时不失掉这种正确的心念，这就叫圆满报身佛。

【经文】

“何名千百亿化身？若不思万法，性本如空，一念思量，名为变化。思量恶事，化为地狱；思量善事，化为天堂。毒害化为龙蛇，慈悲化为菩萨①，智慧化为上界②，愚痴化为下方③。自性变化甚多，迷人不能省觉。念念起恶，常行恶道。回一念善，智慧即生。此名自性化身佛。

【注释】

①菩萨：梵文音译之略，意译“觉有情”、“道众生”等。指按大乘佛教教法修行，求无上菩提（觉悟），利益众生，未来能成佛的修行者。大乘僧侣或居士常被尊称为菩萨。

②上界：指诸天众生（神），包括欲界诸天（前已注）、色界诸天，为离食、淫两欲众生所居；无色界诸天，为无形色众生（与没有物质躯壳的意思相近）所居。这些诸天众生在轮回中处于高于人的阶位。

③下方：指轮回中的地狱、鬼、畜生三恶道。

【白话】

“什么叫千百亿化身佛？如果不思虑、迷恋和追求一切世间的现象，自己的本性就如同虚空一样，没有任何形体影像存在。如果对任何事物和现象哪怕萌发了一个思虑念头，这就叫变化。如果思虑恶的事物，心中萌发恶念，立刻就变化出地狱的丑恶可怕境界；如果思虑善的事物，心中萌发善念，立刻就变化出天堂的美好境界。恶毒之念会变化出毒龙恶蛇的境界，慈悲之念会变化出菩萨的境界，智慧之念会变化出诸种天神的境界，愚昧之念会变化出地狱饿鬼的境界。自我本性的变幻演化种类很多，迷于自己本性的人根本就不懂得这些，也不能审视、观察和考虑这些。在出现恶毒的心念时，人们就走向地狱饿鬼那样恶的去处，陷入那种恶的境界。如果从恶的去处或恶的境界中翻然猛醒，萌发一个善的念头，般若智慧就在这里产生了。这就叫做自性化身之佛。

【经文】

“善知识，法身本具，念念自性自见，即是报身佛。从报身思量，即是化身佛。自悟自修，自性功德，是真归依。皮肉是色身，色身是舍宅，不言归依也。但悟自性三身，即识自性佛。吾有一

《无相颂》，若能诵持，言下令汝积劫迷罪一时销灭。颂曰：迷人修福不修道①，只言修福便是道。布施供养福无边②，心中三毒元来造。拟将修福欲灭罪，后世得福罪还在。但向心中除罪缘，各自性中真忏悔。忽悟大乘真忏悔③，除邪行正即无罪。学道常于自性观，即与诸佛同一类。吾祖惟传此顿法，普愿见性同一体。若欲当来觅法身，离诸法相④心中洗。努力自见莫悠悠，后念忽绝一世休⑤。若悟大乘得见性，虔恭合掌至心求。”

【注释】

① 迷人修福不修道：“修福”指传统佛教主张的建寺造塔、供佛斋僧等功德善事，“修道”指按禅宗的教法修行，明心见性。

② 布施供养福无边：“布施”指施与他人以财物、体力和智慧等，大乘佛教认为这些活动不但使人得福报，而且可以使人达到解脱。禅宗认为这些活动虽然可以得福报，但与明心见性成佛解脱无缘。

③ 忽悟大乘真忏悔：“大乘真忏悔”即指上文讲的“无相忏悔”。

④ 法相：此处可理解为泛指事物的相状以及名词、概念等，并不是指“真如”、“实相”。

⑤ 后念忽绝一世休：前念、今念已经过去，后念再断绝，即无思维活动，就是死了，人生这一辈子就算结束了。

【白话】

善知识，佛法之身是每个人先天就具有的，自己心中萌发的每一个念头，在有思维活动的每一个瞬间，都能认识自我的本性，这就是报身佛。从报身佛的角度思虑，就是化身佛，自己去认识领会，自己去学习修行，自己去积累自我本性的功德，就是真正的归顺信奉。人的皮肉之身就是色身，这个色身如同房舍屋宅，不能说就归顺信奉它。只要认识体验了自己本性中的三身佛，就是认识了自己先天具有的真正的佛。我有一首《无相颂》，如果诸位能够念诵并且照此修行，在诵念之际，就能立刻使你们多世积累的罪业全部消除净尽。这首颂文说：愚昧无知的人不认识自我本性，只知道做善事取福报，却不知道真正的修佛道，所以他们只是说修福就是佛道。施舍穷人，供养三宝，做这些善事当然能获得许许多多的善报，但是自己心中那些贪欲、愤怒、愚昧却并没有因此而消除。希望通过自己所做的功德来消除自己的罪业，来生即使获得善的报应，但那些罪业仍然存在。只要根除自己内心的罪恶之源，承认坦白以前的罪过，警惕预防将来可能要犯的过失，才是自我本性中进行真正的忏悔。如果在瞬间懂得了我所讲的真正的忏悔，消除邪迷之念，保持正确之念，那就没有任何罪业了。修行佛道要时时从自我的本性上观察、认识和觉悟，便与十方诸佛毫无区别。我们的祖师只向人们传授这种顿悟成佛的教义，希望所有的人都能认识自己的本性，与诸佛同为一体。如果希望以后寻觅到佛法之身，自心就要不受一切世间事物和现象的污染，始终保持洁净如洗。勤于自己认识本性的修行而不要空耗时光，当精神活动丧失时这一辈子就算完了。如果领会和理解了我所宣讲的教义而要认识自己的本性，就请合掌行礼，虔诚地来接受我的教法。”

【经文】

师言：“善知识，总须诵取，依此修行。言下见性，虽去吾千里，如常在吾边。于此言下不悟，即对面千里，何勤远来。珍重好去。”一众闻法，靡不开悟，欢喜奉行。

【白话】

惠能大师说：“大家都要诵念和记住这首《无相颂》，依据它所讲的来修行，如果能于念诵之际认识自己的本性，那么即使离开我有千里万里之遥，也如同时时和我在一起。如果诵念这首

《无相颂》不能领悟其旨并认识自己的本性，那么即便与我对面而坐，也如同相隔千里万里之遥，又何必不辞劳苦远道跋涉来我这里！大家珍重，好自为之，且请诸位离去。”当时大家听了惠能大师所宣讲的这一切，没有一个人不心领神会，都十分高兴，遵其教诲而修行。

机缘第七

【经文】

师自黄梅得法，回至韶州曹侯村，人无知者。有儒士刘志略，礼遇甚厚。志略有姑为尼①，名无尽藏，常诵《大涅槃经》。师暂听，即知妙义，遂为解说。尼乃执卷问字，师曰："字即不识，义即请问。"尼曰："字尚不识，焉能会义？"师曰："诸佛妙理，非关文字②。"尼惊异之，遍告里中耆德云："此是有道之士，宜请供养。"

【注释】

①尼：梵文音译"比丘尼"、"比呼尼"等，俗称"尼"或"尼姑"，指女子正式出家后受过具足戒者。

②诸佛妙理，非关文字：认为文字对于表达佛教的"真理"有局限性，这并不是禅宗的新意。禅宗是把个人的证悟与佛教经典完全对立起来，认为个人的证悟可以与经典文字毫无联系，从而否定了佛教经典的权威。这种倾向在早期禅宗那里表现得尤为突出。唐以后的禅宗逐渐有所改变，提倡禅与教的融合。

【白话】

惠能大师从五祖弘忍那里获得教法，离开黄梅，一路南下，回到韶州曲江的曹侯村，当时村里还没有人知道这些事。有一位儒士名叫刘志略，尊敬惠能，彼此来往甚为密切。刘志略有一位姑姑出家为比丘尼，法名叫无尽藏，经常诵读《大涅槃经》。惠能大师一听她诵读经文，马上就理解了经文的精妙义理，于是就给无尽藏讲解。无尽藏手持经卷，指着经卷中的文字请教惠能大师。惠能大师说：“我并不认识字，请不要问我经典中的文字问题，我懂得经典的义理，只要是义理问题就请提问。”无尽藏问：“你连经典的文字都不认识，怎么能理解经典的思想呢？”惠能大师回答：“诸佛所宣讲的精妙深刻的道理，与文字没有什么关系。”无尽藏听了惠能大师的话，十分惊讶诧异，就把这件事告诉了村里德高望重的长辈们，并且说：“惠能是一位有道之人，应该礼敬供养。”

【经文】

有魏武侯玄孙曹叔良，及居民竞来瞻礼。时宝林古寺，自隋末兵火已废，遂于故基重建梵宇①，延师居之，俄成宝坊②。师住九月余日，又为恶党③寻逐，师乃遁于前山。被其纵火焚草木，师隐身挨入石中得免。石今有师趺坐膝痕及衣布之纹，因名“避难石”。师忆五祖怀会止藏之嘱④，遂行隐于二邑焉。

【注释】

① 梵宇：指寺院。

② 宝坊：对寺院的美称。

③ 恶党：指争夺所传袈裟的僧人。

④ 怀会止藏之嘱：见《行由第一》注。

【白话】

有一位名叫曹叔良的人，是魏武侯曹操的后代，他和许多村民听说了惠能大师的事，都赶来瞻仰礼拜。由于隋朝末年兵荒马乱，当地的佛教寺院宝林寺已遭焚毁。曹叔良等人就在废寺旧址重建了房舍，请惠能大师居住，这里不久就变成了有名的寺院。惠能大师在宝林寺住了九个多月，由于又被抢夺衣钵的恶僧追逐搜寻，便逃避到前山中。恶僧们追到前山，不见了大师，便放火焚烧了山上的草木。惠能大师钻进山石缝隙中藏身，才得以幸免。至今这块石头还在，石头上留有惠能大师结跏趺坐的膝盖痕迹，还有衣服的褶纹印记。所以这块石头被称为“避难石”。惠能大师这时想起五祖弘忍嘱咐他“逢怀则止，遇会则藏”的话，于是就在怀集和四会一带隐居起来。

【经文】

僧法海，韶州曲江人也。初参祖师，问曰：“即心即佛，愿垂指谕。”师曰：“前念不生即心①，后念不灭即佛②；成一切相即心③，离一切相即佛④。吾若具说，穷劫不尽，听吾偈曰：“即心名慧，即佛乃定。定慧等持，意中清净。悟此法门，由汝习性。⑤用本无生，双修是正。”

法海言下大悟，以偈赞曰：“即心元是佛，不悟而自屈⑥。我知定慧因，双修离诸物⑦。”

【注释】

① 前念不生即心：前一个念头已经过去，不再留恋它而使它再出现。这是强调对自己的思维活动也不能执着。

② 后念不灭即佛：将要出现的念头任其出现，不必有意识地限制自己的认识活动。如果没有念头出现，就和草木无情一样了，也就意味着人死了。

③ 成一切相即心：外在的一切事物和现象都是心的派生物。

④ 离一切相即佛：觉悟的表现在于自心不为外在的一切事物和现象所干扰。

⑤ 习性：通过学习佛教经典和遵照佛教教义修行而形成的种性。“种性”见前注。

⑥ 不悟而自屈：禅宗所讲的悟是证悟自己的本心本性，是自我

证悟，所以如果不能证悟是自己屈辱了自己。

⑦ 双修离诸物：“双修”是指定慧双修；“离诸物”的意思与“离一切相”相同，是见性成佛的同义语。

【白话】

僧人法海是韶州曲江人，第一次来参见六祖惠能大师，问道：“即心即佛是什么意思，请师父赐教。”惠能大师说：“不留恋以前的念头就是心，后一个念头接续不断就是佛；能够变化出世间一切现象就是心，能够远离世间一切现象就是佛。如果我们要这样一一全部列举出来，那是永远说不完的。你就听我说一首偈吧：无念的心也叫作慧，离相的佛也叫作定，定和慧原本一体，要不加区别地同等对待和修习，思想自然纯洁清净，没有尘俗污染。能否理解我所讲的教义，完全取决于你通过修行而真正自己获得，定和慧都是无生无灭的，定和慧的双修才是正确的方法。”

法海听了这首偈以后完全省悟了，也用一首偈来颂扬：“心原来就是佛，不认识本心是自己委屈了自己。我领会了定慧的真正含义，要定慧双修才能脱离一切虚妄的事物和现象！”

【经文】

僧法达，洪州[①]人，七岁出家，常诵《法华经》[②]。来礼祖师，头不至地[③]。师诃曰：“礼不投地，何如不礼。汝心中必有一物，蕴习何事耶？”曰：“念《法华经》已及三千部[④]。”师曰：“汝若念至万部，得其经意，不以为胜，则与吾偕行。汝今负此事业，都不知过！听吾偈曰：礼本折慢幢[⑤]，头奚不至地？有我罪即生[⑥]，亡功福无比[⑦]。”

【注释】

① 洪州：故治在今江西南昌。

②《法华经》:《妙法莲华经》的简称。“妙法”指所记述的佛教教义精深微妙;“莲华”比喻其洁净无污。本经主要是调和大小乘佛教的不同理论，认为一切众生都能成佛。中译本有后秦鸠摩罗什的《法华经》八卷，西晋竺法护译的《正法华经》十卷，隋阇那崛多和达摩笈多译的《添品妙法莲华经》七卷。此经影响较大，所以注释本较多。经中为论述三乘（指声闻、缘觉、菩萨）归于一乘（指佛乘）道理的寓言故事，也在《坛经》中出现。请参见后文。

③ 头不至地：指下跪行礼时头部没有着地，这是不恭敬的表现。

④ 念《法华经》已及三千部：即把《法华经》念诵了三千遍。

⑤ 礼本折慢幢:“幢”是镌刻着佛名字或经咒的石柱子。“慢幢”比喻傲慢之情的严重。行礼本来是消除傲慢心理的。

⑥ 有我罪即生：以自我为实有会产生罪过。自以为是的傲慢（指法达的表现）是以自我为实有的一种表现。

⑦ 亡功福无比:“亡”可以解作“忘”，也可以解作“无”，“功”是功德。大意是说，只有不执着诵《法华经》三千遍的功德才会获大福报。

【白话】

僧人法达是洪州人，七岁就出家，经常念诵《法华经》。当他见到六祖惠能大师行礼时，叩头没有碰到地面。惠能大师斥责道:“既然叩头行礼又头不着地，还不如不行礼叩头。你心中必然藏着什么东西，你平时都修习什么？”法达回答:“我念诵《法华经》已经有三千遍了。”惠能大师说:“如果你把《法华经》诵读了一万遍，领略了经文的妙义，并且不因此看不起别人，那么至多也就是和我并肩同行。你现在如此自负，竟然还不知道自己的过错。且听我说一首偈吧：行礼是为了消除自己的狂妄傲慢，所以行礼时要恭敬，怎么能头不着地呢？自以为是，狂妄自大就会产生罪业，不处心积虑去求功德，才会获得大福报。”

【经文】

师又曰："汝名什么？"曰："法达。"师曰："汝名法达，何曾达法？"复说偈曰："汝今名法达，勤诵未休歇，空诵但循声[①]，明心号菩萨[②]。汝今有缘故，吾今为汝说：但信佛无言[③]，莲华从口发[④]。"

【注释】

① 空诵但循声：指仅在嘴上念诵，心里却没有想。

② 明心号菩萨：不仅要在嘴上念诵，心中还要明白经典的道理，从而达到明心见性，这才能被称为菩萨。

③ 但信佛无言：用禅宗的理论来解释经典，佛是以心传心，虽有言说实无言说，只是让人去自悟本心，也就是佛心。

④ 莲华从口发：大意是，如果法达真正相信了佛是默默无言地以心传心，虽有说教而实无说教的道理，那就真正有资格读诵《妙法莲华经》了。此句是比喻。

【白话】

惠能大师又问："你叫什么名字？"法达回答："我叫法达。"惠能大师说："你名字叫法达，但是你又何曾通达了精妙的佛法？"惠能大师又说了一首偈："现在你的名字叫法达，勤奋地诵读经典而不休息。你枉然循声逐字在口头上念诵经典。你应该知道，只有明心见性才能被称为菩萨。你远道来此参见我，也算有缘分了，所以我给你宣讲正确的教义。只要相信佛本是默默无言传授教法，才有资格诵读这《妙法莲华经》！"

【经文】

达闻偈，悔谢[①]曰："而今而后，当谦恭一切。弟子诵《法华经》，未解经意，心常有疑，和尚智慧广大，愿略说经中义理。"

师曰："法达，法即甚达，汝心不达。经本无疑，汝心自疑。汝念此经，以何为宗？"达曰："学人根性暗钝，从来但依文诵念，岂知宗趣[2]。"师曰："吾不识文字，汝试取经诵一遍，吾当为汝解说。"

【注释】

① 悔谢：忏悔、谢罪。

② 宗趣：即宗旨。

【白话】

法达听了这首偈以后，悔过谢罪："从今以后，我一定虚心、谦让、恭敬地对待所有人。弟子读诵《法华经》，并没有理解经文的意思，心中常有疑惑。大师富有智慧，请大师大略讲解一下《法华经》的义理。"惠能大师说："法达，经典中所讲的佛法本来是通达的，只是因为你愚昧而不能理解。经典记录的教法本来没有疑惑，只是你自己心中产生了疑惑。你诵读《法华经》是以什么为宗旨呢？"法达说："学生天生素质差，愚笨迟钝，一直照着经典的文字念，哪里知道有什么宗旨！"惠能大师说："我不认识字，你试着取出经卷读一遍，我一定给你讲解经典的根本宗旨。"

【经文】

法达即高声念经，至《譬喻品》，师曰："止，此经元来以因缘出世[1]为宗。纵说多种譬喻，无越于此。何者因缘？经云：'诸佛世尊，唯以一大事因缘出现于世。'一大事者，佛之知见[2]也。世人外迷著相，内迷著空，若能于相离相，于空离空，即是内外不迷。若悟此法，一念心开，是为开佛知见。

【注释】

① 出世：即出现在世间。

② 佛之知见：即佛的智慧。

【白话】

法达就高声朗读经文，当读到《譬喻品》时，惠能大师说：“停下来，这部经的宗旨，原来是佛以一件大事的因缘出现于世。虽然经中用许多寓言来比喻说明，也没有超出这个范围。什么因缘呢？《法华经》说：‘所有的佛只是以一件大事的缘故出现在世界上。’所谓‘一件大事’，就是佛的智慧和思想。世间的人外受一切事物和现象的迷惑，内受空幻体验的迷惑。如果既接触外在的事物或现象而又能脱离它们，不受其干扰；既经历内心的空幻体验而又能脱离这种境界，不受它的干扰，就是不迷惑于外也不迷惑于内。如果理解和领会了这种教法，于一念之中就消除了心中的所有迷惑，这就是开启了佛的智慧。

【经文】

“佛犹觉也，分为四门[①]：开觉知见，示觉知见，悟觉知见，入觉知见。若闻开示，便能悟入，即觉知见，本来真性，而得出现。汝慎勿错解经意，见他道：开示悟入，自是佛之知见，我辈无分。若作此解，乃是谤经毁佛也。彼既是佛，已具知见，何用更开？汝今当信佛知见者，只汝自心，更无别佛[②]。盖为一切众生，自蔽光明，贪爱尘境，外缘内扰，甘受驱驰，便劳他世尊从三昧起，种种苦口[③]，劝令寝息，莫向外求，与佛无二。故云开佛知见。[④]

【注释】

① 分为四门：指“开示悟入”，即“开佛知见”，意为打开封闭佛

智慧的一切世俗认识（所谓“无明”）；“示佛知见”，意为指示原来不被人们所认识的佛智慧；“悟佛知见”，意为认识和理解佛智慧；“入佛知见”，意为把佛的智慧变为自己的智慧，从而成就佛道。为了行文的方便，译文中仍使用“开示悟入”。《坛经》在此处对“开示悟入”佛的智慧进行了新的解释。

② 汝今当信佛知见者，只汝自心，更无别佛：《法华经》中讲的“佛之知见”是佛所具有的智慧，人是需要学习和领受的。《坛经》则认为佛的智慧以及佛都存在于自心中，不需要从外部输入。

③ 种种苦口：指根据不同的情况，利用各种方法来教化。

④ 故云开佛知见：《坛经》中讲的佛的智慧（知见），就是禅宗的教义。

【白话】

“佛就是觉悟的‘觉’，分为四个方面，开‘觉’的智慧，示‘觉’的智慧，悟‘觉’的智慧，入‘觉’的智慧。如果听到开导启示就能深入到‘觉’的智慧之中，这就是觉悟的智慧，自己所固有的真如佛性由此就展现出来。你千万不要错误理解了经文的意思，听到说‘开示悟入’就以为那是佛的智慧，与我们这些人没有什么关系。如果这样理解，就是诽谤经典、诋毁佛了。他已经是佛了，已具有佛的智慧了，还用得着开吗？你现在应该相信，所谓佛的智慧，就是你自己的心，再没有什么别的佛。一切众生自己遮盖了本性的光明，迷恋于各种现象和自己情欲的干扰，甘愿听从其支配驱使。所以只好有劳释迦牟尼佛的大驾从定中出来，用各种方法苦口婆心地讲说，劝世人不要外求佛道，这就与佛没有区别，所以说是开佛的智慧。

【经文】

“吾亦劝一切人，于自心中常开佛之知见。世人心邪，愚迷造罪，口善心恶，贪瞋嫉妒，谄佞我慢，侵人害物，自开众生知见。若能正见，常生智慧，观照自心，止恶行善，是自开佛之知见。汝须念念开佛知见，勿开众生知见。开佛知见，即是出世；开众生知见，即是世间。汝若但劳劳执念以为功课者，何异犛牛爱尾①？”

【注释】

①犛牛爱尾：语出《法华经·方便品》，说众生处于生死轮回之中，仍然执迷不悟，有各种欲望，不知道这些欲望正是导致生死轮回的原因。这就像犛牛爱惜自己的长尾巴一样。“犛牛爱尾”用以比喻人们愚昧无知，盲目追求不应该追求的东西。

【白话】

“我也规劝教导所有的人，从自己的心中开佛的智慧。世间的人心术不正，愚昧无知而犯下了许多罪过，嘴上说得好听，心里却怀有恶念，贪婪成性，嫉贤妒能，谄媚阿谀，狂妄傲慢，损人害物，这就是自己开启了众生的智慧。如果你具有正确的思想和见解，就会时时以智慧观察、映照自己的内心，不做恶事而做善事，这就是开启了佛的智慧。你应该时时刻刻开启佛的智慧，不要开启众生的智慧。开启佛的智慧，就是超脱尘世；开启众生的智慧，就是陷入尘世。如果你只是辛苦地以读诵经典为每日必做的事，那与牦牛爱惜自己的尾巴有什么不同？”

【经文】

达曰：“若然者，但得解义，不劳诵经耶？”师曰：“经有何过，岂障汝念。只为迷悟在人，损益由己，口诵心行，即是转经①；口诵心不行，即是被经转。听吾偈曰：心迷《法华》转②，心悟转《法华》③。诵经久不明，与义作仇家。无念念即正，有念念成邪。有无俱不计，长御白牛车。[④]”

【注释】

① 转经：即一遍一遍地念诵佛经。

② 心迷《法华》转：只是嘴上念诵《法华经》，心中并不明白经典的意思，等于被《法华经》所“转”，等于没有“转经”，即没有念诵经。

③ 心悟转《法华》：自心明了，懂得经文的义理（实际上是懂得禅宗教义），才真正算诵读经典，使经典为我所用。

④ 长御白牛车：《法华经》以“白牛车”比喻一佛乘。即获得了佛的智慧。《坛经》讲的“白牛车”和“一佛乘”，实为借用这些名称代指禅宗的教义。

【白话】

法达说：“如果这样说来，那么只要理解领会了经的主要思想，就不必劳神费力去诵读经文了吗？”惠能大师说：“经典的文字本身有什么过错，岂能阻碍你去念诵？只是或迷或悟在个人，损失收益由自己。如果嘴里念诵经文，心中按经典的教导考虑，这就是经为我所用；如果口头上念诵经文，心中却另有所念，那经文反而成了修道的障碍。且听我一道偈：如果自己迷惑，《法华经》反而成了修道的障碍，如果认识了自我的本性，《法华经》就能为我所用。长期念诵经文而又根本不理解经典的义理，完全与经典的义理成了生死冤家。没有偏执的心念即是正念，有偏执的心念就是邪念。不管是有偏执的心念还是无偏执的心念都不去追求，内心就自由自在，如同是驾御着白牛拉的车。”

【经文】

达闻偈，不觉悲泣，言下大悟，而告师曰：“法达从昔已来，实未曾转《法华》，乃被《法华》转。”再启曰：“经云：诸大声闻乃至菩萨，皆尽思共度量，不能测佛智，今令凡夫，但悟自心，便名佛之知见。自非上根，未免疑谤。又经说三车[①]，羊鹿牛车，与白牛之车，如何区别？愿和尚再垂开示。”

【注释】

①三车：《法华经》以三车比喻“三乘”，即引导众生达到解脱的三种教法。羊车比喻“声闻”，即听闻佛陀宣讲教法而觉悟者，只以自身解脱，达到阿罗汉果位为目的；鹿车比喻“缘觉”，没有听佛宣讲教法，自己悟“十二因缘”教义而得道；牛车比喻“菩萨”（前已注）。《法华经》通过三车的比喻，说明三乘同归于“一佛乘”（用大白牛车来比喻）。

【白话】

法达听了这首偈，禁不住悲痛哭泣起来，立刻就豁然明白了。便告诉惠能大师：“法达很久以来，的确未曾理解《法华经》的义理，没有做到《法华经》为我所用，《法华经》的文字反而成了我修道的障碍。”法达又说：“那些听到过佛陀讲法的弟子以及菩萨等，都绞尽脑汁思考、分析、猜测，仍然不能测度佛的智慧。现在让凡夫俗子只要认识了自己的本心，就叫做获得了佛的智慧，如果本人不是天生素质高，难免心中疑惑，嘴上诽谤了。另外，《法华经》上说三车指羊拉的车、鹿拉的车和牛拉的车，这三车与大白牛拉的车怎么区别？请大师再给我解释。”

【经文】

师曰：“经意分明，汝自迷背。诸三乘人[①]不能测佛智者，患在度量也。饶伊尽思共推，转加悬远。佛本为凡夫说，不为佛说，此理若不肯信者，从他退席。殊不知坐却白牛车，更于门外觅三车[②]。况经文明向汝道：‘唯一佛乘，无有余乘，若二若三，乃至无数方便，种种因缘，譬喻言词，是法皆为一佛乘故。’汝何不省？三车是假，为昔时故；一乘是实，为今时故。只教汝去假归实。归实之后，实亦无名。应知所有珍财，尽属于汝[③]，由汝受用，更不作父想[④]，亦不作子想[⑤]，亦无用想[⑥]，是名持《法华经》。从劫至劫[⑦]，手不释卷；从昼至夜，无不念时也。”

【注释】

①三乘人：指声闻、缘觉、菩萨。

②坐却白牛车，更于门外觅三车：《法华经》所要表达的意思是：三乘教是佛为拯救众生，根据不同情况而灵活讲说的教法（所谓方便说教），它们同归于“一佛乘”，不必舍去一佛乘而追求其它三乘。《坛经》所要表达的意思是：自我的本性就是佛，应该认识自己本性佛，不能到自身之外去追求佛。

③所有珍财，尽属于汝：所有的珍宝都属于你自己。这里的“珍财”代指人本有的佛性。

④更不作父想：“父”指《法华经》中讲的“大宝长者”，他曾把财宝分给儿子们。此句在这里的意思是，所有的财宝（佛性）都是你自己本有的，不要认为是大富长者（即代表佛）的。

⑤亦不作子想：“子”指大富长者的儿子，代指众生。这句的大意是，也不要认为财富（佛性）是他人的。

⑥亦无用想：也不要有维护和使用这样财富的想法，即不要有意识地向自身追求佛。禅宗认为，自我的本性就是佛，不必到自身之外去寻找，同时，有意向自心中寻找佛，限制自己的认识活动，也同样是错误的。本心佛性只有在主观上毫无追求的时候才能显现。不作“父想”“子想”和“用想”，所要表达的意思是“根本连想也不要想”。

⑦从劫至劫：从上一劫到下一劫，是比喻时间极长。

【白话】

慧能大师说："经典的意思很清楚，只是因为你愚迷而不理解。诸位声闻、缘觉和菩萨这三类人不能分析猜度佛的智慧，原因在于他们企图通过思维来把握佛的智慧，毛病就出在这个分析猜度上。任他们尽其所能去思考推测，反而越思考越远离佛的智慧。佛本是给沉沦于轮回之中的芸芸众生宣讲教法，不是给超脱生死轮回的佛宣讲教法，如果连这个道理都不相信的人，不堪教化，就让他离开此地好了。居然不知道自己已经坐在大白牛拉的车上，还要到门外寻找羊、鹿和牛拉的三辆车。何况经典上明确告诉你：'只有惟一的佛道（乘），没有其它的什么佛道（乘）。至于两种三种，乃至无数种权宜方法，各种机遇契机、各类寓言话语，都是要说明只有这一种佛道。'你怎么还不理解？所谓羊、鹿、牛三车是佛作的比喻，说明三乘教是为了过去的愚迷众生而采用的权宜说教，不过是一种假借名称而已。只有这大白牛车比喻惟一的真实的佛道，是为现在的人顿悟成佛而讲的真实的教义。佛这样来讲，只是教导你摆脱权宜讲说的三乘之教法，返归到惟一佛道的真实教法上来。等你真正地归顺信奉了真实之教，真实之教就连名称都没有了。应该懂得，所有的珍贵财宝全都属于你自己，任你享用。不要再认为这是佛的财产或这是别人的财产。根本连想都不用去想！这才叫真正的修持《法华经》。如果这样，就如同在从前一劫到后一劫的漫长时间内，都手不离经卷，从早到晚念诵《法华经》。"

【经文】

达蒙启发，踊跃欢喜，以偈赞曰："经诵三千部，曹溪一句亡。

未明出世旨，宁歇累生狂？羊鹿牛权设，初中后善扬[①]。谁知火宅[②]内，元是法中王。[③]”

师曰：“汝今后方可名念经僧也。”达从此领玄旨，亦不辍诵经[④]。

【注释】

① 初中后善扬：“初善”，指羊车所比喻的声闻教；“中善”，指鹿车所比喻的缘觉教法；“后善”，指牛车所比喻的菩萨教法。这些都是“善法”，最后又都统一于“一佛乘”。

② 火宅：佛教用以比喻众生生死轮回的三界。“三界无安，犹如火宅”。比喻房子已经着了火，呆在房子里的人还不知危险，不想办法走出房子，其后果可想而知。

③ 法中王：佛教经典中指经过长期修行而超脱生死轮回的修行者。

④ 亦不辍诵经：道信和弘忍公开号召“莫读经”，作为弘忍弟子的神秀则没有坚持这一主张，倡导要利用佛教经典，形成了“方便通经”的禅学特点。惠能一系在兴起之初，极力贬低学习佛教经典在明心见性过程中的作用。这里宣扬法达仍然坚持读诵《法华经》，显系以后加入的内容。

【白话】

法达受到指导启发，十分高兴，用一首偈来赞美：“我辛辛苦苦把《法华经》念颂了三千遍，经过曹溪惠能大师只言片语的启发，才知道都是枉费工夫。佛以一大事因缘出现在世界上，这是《法华经》的宗旨，以前我根本不理解。因此，我又怎么能消除我累世沉沦于生死之中的狂妄无知，从而达到超脱生死轮回的解脱？所谓羊车、鹿车和牛车都是权宜教法，所谓初善、中善、后善，都是逐步宣讲教法，分阶段地修行上进。又有谁能知道，就在这如同着火的房舍一样的三界之中，人们就能于瞬间完成从凡入圣的转变！”惠能大师说：“从今天开始，你才配被称为念经僧人。”法达从此领会了精深玄妙的教旨，并且依然没有放弃念诵经典。

【经文】

僧智通[①]，寿州安丰人，初看《楞伽经》约千余遍，而不会三身四智[②]，礼师求解其义。师曰：“三身者，清净法身，汝之性也；圆满报身，汝之智也；千百亿化身，汝之行也。若离本性别说三身，即名有身无智[③]。若悟三身无有自性[④]，即名四智菩提。听吾偈曰：自性具三身，发明成四智。[⑤]不离见闻缘，超然登佛地。吾今为汝说，谛信永无迷。莫学驰求者，终日说菩提。”

【注释】

① 智通：《景德传灯录》卷五有传，今安徽寿县人。

② 四智：印度瑜伽行派和中国唯识宗认为，按照佛教教义修行，凡夫有烦恼的八识可以转为“四智”，即四种智慧。其一，眼耳鼻舌身等五识可以转为“成所作智”，得此智后，能够出入十方世界，以身口意三业为众生行善；其二，第六识（意识）可转为“妙观察智”，得此智后，即能根据有情众生的不同情况而自在说法，教化众生；其三，第七识（末那识）可转为“平等性智”，得此智后，能平等普度一切众生；其四，第八识（阿赖耶识、藏识）可以转为“大圆镜智”，得此智后，即能如大圆镜的光明，遍映万象，纤毫不遗。据说具备这四种智慧，即达到佛果，实现从凡入圣的转变或飞跃。《坛经》中多次吸收唯识宗的理论。

③ 有身无智：四智存在于自我的本性中，如果离开自我的本性谈三身，所谈的就只能是不起智用的空洞的名言概念，不是真正的三身，所以叫有身无智。在禅宗看来，离开人的自我本性，一切都是虚幻不真实的。

④ 三身无有自性：按照禅宗的理论，三身都是从唯一的自我本性中产生的，并不是三身中各有一个自性。

⑤ 自性具三身，发明成四智：人的自我本性中具有三身，明心见性也就实现了三身，从而也就实现了转识成智。

【白话】

僧人智通是寿州安丰人，当初曾阅读《楞伽经》，大约读了一千余遍，但是仍不理解三身和四智的意思，于是就来参见惠能大师，请求讲解。惠能大师说："所谓三身指的是：清净法身，这是你先天具有的本性；圆满报身，这是你先天具有的智慧；千百亿化身，这是你应该具有的一切行为。如果脱离开自己的本性另外讲三身，就叫作有身无智。若认识领会了三身却没有本性，就叫四智菩提。且听我说一首偈：自我的本性中原有三身，由此可以产生四智。不需要摒弃人所感知的万事万物，就能直接达到佛的境地。我今天给你讲的教法。你要深信不疑，永远不要再迷惑。不要向那些在自己身外寻找佛的人学习，那些人不过是整天在口头上空谈觉悟成佛罢了。"

【经文】

通再启曰："四智之义，可得闻乎？"师曰："既会三身，便明四智，何更问耶？若离三身，别谈四智，此名有智无身①，即此有智，还成无智。"复说偈曰："大圆镜智性清净②，平等性智心无病③。妙观察智是非功④，成所作智同圆镜⑤。五八六七果因转⑥，但用名言无实性⑦。若于转处不留情，繁兴永处那伽定⑧。"

【注释】

① 有智无身：离开三身谈四智，就和离开自我的本性谈四智一样，这样的智也仅是名言概念而已，不是真正的智慧。因为三身和

四智都存在于自我的本性之中，不能离开自我的本性谈三身四智，也不能离开三身来谈四智，或离开四智来谈三身。

② 大圆镜智性清净:《坛经》把“大圆镜智”解释为自我本性的纯洁清净。

③ 平等性智心无病:《坛经》把“平等性智”解释为自心没有执着等等“弊病”。

④ 妙观察智是非功：据说得了“妙观察智”就会不待思考立即洞晓明白一切，所以叫“见非功”，即不待用功自然而成。

⑤ 成所作智同圆镜:“成所作智”与“大圆镜智”有相同之处。这两种智的相同之处可以举出好几条，从这首偈的上下文看，是侧重讲这两种智在从“识”的转变上有相同之处，请参见注⑥。

⑥ 五八六七果因转：在有情众生的八识之中，前五识和第八识必须到众生成就佛果时才能转为成所作智和大圆镜智。这叫做前五识和第八识的“果上转”。众生的第六识和第七识在众生没有达到佛果时就可以转为“妙观察智”和“平等性智”，这叫做第六识和第七识的“因中转”。

⑦ 但用名言无实性：指上述八识转变为四智的过程，只不过是名言概念的转变，不是其本体的转变。因为八识和四智的所谓本体都指人的自我本性，自我本性无所谓转与不转。八识与四智的差别只是由于人们的迷悟不同造成的，并不是作为其本体的人的自我本性有什么不同。自性在凡在圣都一样，这是禅宗一贯强调的观点。

⑧ 繁兴永处那伽定:“繁兴”指纷乱嘈杂的世俗世界;“永处”即“永远处于”;“那伽”有多重含义，原是指“龙”，有精神专一的“定”的意思。此句大意是：尽管身处纷乱的尘世，但其心永远宁静，不为外界事物所干扰，如同永远处于“定”中。

【白话】

智通又问道:“我能听一听四智的道理吗?”惠能大师说:“既然已经理解了三身，也就明白了四智，何必再问呢？如果离开三身，另外讲什么四智，就叫做有智而无身，就算有了智慧也等于没有智慧。”惠能大师又说一首偈：“大圆镜智就是纯洁清净的本性，平等性智就是自心没有偏见弊病，妙观察智就是观察明了，不假功成。成所作智如镜照物，历历分明，前五识和第八识要到获得佛果时才能转成智，第六识和第七识在只有成佛可能性的众生时就能转成智。所谓转识成智只是名称的变化，并不是本体发生了变异。如果在转识成智时实现彻底的转变，尽管身处纷乱的尘世，仍如常在‘定’中。”

【经文】

通顿悟性智[①]，遂呈偈曰：“三身元我体，四智本心明。身智融无碍，应物任随形。起修皆妄动，守住匪真精。妙旨因师晓，终亡染污名。”

【注释】

① 顿悟性智：即认识、理解了关于从自性上谈三身和四智的理论。以下的偈是对上文的总结。

【白话】

智通听过偈之后马上就领悟了，于是给惠能大师呈上一偈：“三身原本就在我的体内，四智原本就在我自己心中。三身与四智融合而无碍，如水映月随物而现其形。想通过修行获得三身四智是错误的认识，执着于身和智也是不对的。经过大师的指点，我理解了身与智的精妙理论，从此再也不会有污染的名称。”

【经文】

僧智常，信州贵溪[①]人，髫年出家，志求见性。一日参礼，师问曰：“汝从何来，欲求何事？”曰：“学人近往洪州白峰山，礼大通和尚[2]，蒙示见性成佛之义，未决狐疑。远来投礼，伏望和尚慈悲指示。”师曰：“彼有何言句，汝试举看。”曰：“智常到彼，凡经三月，未蒙示诲。为法切故，一夕独入丈室[3]，请问：‘如何是某甲本心本性[4]？’大通乃曰：‘汝见虚空否？’对曰：‘见’。彼曰：‘汝见虚空有相貌否？’对曰：‘虚空无形，有何相貌！’彼曰：‘汝之本性，犹如虚空。了无一物可见，是名正见；无一物可知，是名真知。无有青黄长短，但见本源清净，觉体圆明，即名见性成佛，亦名如来知见。’学人虽闻此说，犹未决了，乞和尚开示。”

【注释】

①信州贵溪：今江西贵溪。

②大通和尚：神秀逝世后谥号“大通”，在其生前不应有此称号。另外，神秀也没有住过洪州白峰山。“大通”指何人不详。

③丈室：禅宗寺院住持的住所，也叫“方丈”。据《维摩诘经》记载，身为菩萨的维摩诘居士所住卧室一丈见方，但容量无限。禅宗寺院比附此说，用“方丈”或“丈室”称呼住持所居之室。

④某甲本心本性：“某甲”可以用于指自己，也可以用于指他人，这里是指自己。“本心”和“本性”两词在《坛经》中意思没有区别。

【白话】

僧人智常是信州贵溪人，少年出家，立志达到明心见性的解脱。有一天，他参见惠能大师。大师问：“你从哪里来，想学什么？”智常回答：“我最近曾去洪州白峰山礼拜大通和尚，承蒙他讲授了见性成佛的教义，但是仍然没有消除我的疑惑。所以我远道而来礼拜，恳请大师以慈悲为怀，给我指导。”惠能大师说：“大通和尚给你讲了些什么话，你试讲给我听一听。”智常回答：“我到大通和尚那里呆了三个月，也没有得到他的指示教诲。由于求法心切，一天晚上，我就独自走进方丈室请教：‘什么是我的本心本性？’大通和尚问道：‘你认识虚空了吗？’我回答：‘认识了’。他又问：‘你所认识的虚空有形状相貌吗？’我回答：‘虚空没有形状，哪有什么相貌？’他说：‘你的本性就和虚空一样，看不到任何一种有形体的事物，这就叫正确的见解，没有任何一种有形体的事物可以认知，这就叫真知，没有青黄的颜色和长短的尺度，只看到本性的清净纯洁，智慧本体无欠无缺，明洁清净，这就叫认识本性成就佛道，也叫如来的智慧。’学生虽然听了大通和尚的这些说教，仍然不能理解，请求大师开导指教。”

【经文】

师曰：“彼师所说，犹存知见，故令汝未了。吾今示汝一偈：不见一法存无见，① 大似浮云遮日面。不知一法守空知，② 还如太虚生闪电。此之知见瞥然兴，错认何曾解方便。③ 汝当一念自知非，自己灵光常显现。”

【注释】

①不见一法存无见：“不见一法”指上文大通和尚讲的“了无一物可见”。如果认为“了无一物可见”，仍是把“无见”存于心中，有碍于明心见性，即“大似浮云遮日面”。

②不知一法守空知：“不知一法”指上文大通和尚讲的“无一物可知”。如果认为“无一物可知”，这是执着于“空知”。

③错认何曾解方便：“无一物可见”，“无一物可知”，这是为了消除执着于外在一切现象的错误提出来的，如果不了解这一点，追求“空知”和“无见”，仍然是错误的。

【白话】

惠能大师说：“你师父所讲的那些，仍然存在着‘知’和‘见’的弊端，所以不能使你明了。现在我指示你一首偈：说不能见到一事一物，仍是把‘无见’留在心中，就好像浮云遮蔽了日光。说不知一事一物，是执着于‘空知’，恰如天空的闪电一样转瞬即逝。这些‘知’与‘见’即使在心中片刻停留，也会误把方法作为目的来追求，有碍于明心见性。如果你在内心中知道这都是错误的，那么自我本性的灵光就会时常显现。”

【经文】

常闻偈已，心意豁然，乃述偈曰：“无端起知见，著相求菩提，① 情存一念悟，宁越昔时迷？② 自性觉源体，随照枉迁流。不入祖师室，茫然趋两头。”③

【注释】

① 著相求菩提：“著相”指“存无见”和“守空知”。

② 情存一念悟，宁越昔时迷：“悟”是参禅所要达到的目标，但是这种预设的主观目的又不能有意去追求。如果存在着自以为悟的一个念头，正好说明没有悟，自以为悟正是处于“迷”的表现。

③ 两头：即指“无见”和“空知”。

【白话】

智常听了这首偈，马上就领悟了，也说了一首偈：毫无理由地执着于“空知”和“无见”，这是想从可见有形的现象中去寻求觉悟。存在着自以为证悟的一个念头，又如何能消除过去的迷惑？自我的本性就是觉悟的根源，按照“无见”“空知”来思考，念念不断，到头来劳而无功。要是不向祖师请教，还在稀里糊涂地追求“无见”和“空知”，真是不堪设想！

【经文】

智常一日问师曰：“佛说三乘法，又言最上乘，弟子未解，愿为教授。”师曰：“汝观自本心，莫著外法相。法无四乘[①]，人心自有等差。见闻转诵是小乘，悟法解义是中乘，依法修行是大乘，万法尽通、万法俱备、一切不染、离诸法相、一无所得，名最上乘[②]。乘是行义，不在口争。汝须自修，莫问吾也。一切时中，自性自如。”常礼谢执侍，终师之世。

【注释】

① 四乘：指声闻、缘觉、菩萨和一佛乘，均参见前注。

② 最上乘：这里是指禅宗的教义。

【白话】

有一天，智常问惠能大师：“佛讲说了声闻、缘觉和菩萨这三乘教法，又讲说了至高无上的教法，我不太理解，请师父指示。”惠能大师说：“你要观察自己的本心，不要执着于外在的现象。佛法本来没有所谓四乘的区别，只是因为人们的认识程度和理解力有不同。只能够听讲和读诵佛典属于小乘；能够理解佛法的义理属于中乘；能够根据佛教的规定去修行属于大乘；能够认识理解一切教法，明白自己的本心具备了一切，对于外界一切都不执着迷恋，无所获得，就叫最上乘。乘是修行的意思，不在于口头上的讲论。你应该自己去修行，不要询问我。在任何时候，自性都是如如不动的。”智常行礼致谢，从此侍奉惠能大师，直到大师去世。

【经文】

僧志道，广州南海[①]人也，请益曰：“学人自出家，览《涅槃经》十载有余，未明大意，愿和尚垂诲。”师曰：“汝何处未明？”曰：“‘诸行无常，是生灭法，生灭灭已，寂灭为乐[②]。’于此疑惑。”师曰：“汝作么生疑？”曰：“一切众生皆有二身，谓色身、法身也。色身无常，有生有灭；法身有常，无知无觉。经云：‘生灭灭已，寂灭为乐’者，不审何身寂灭，何身受乐？若色身者，色身灭时，四大分散[③]，全然是苦，苦不可言乐。若法身寂灭，即同草木瓦石，谁当受乐？又法性是生灭之体，五蕴是生灭之用。一体五用，生灭是常。生则从体起用，灭则摄用归体。若听更生，即有情之类，不断不灭；若不听更生，则永归寂灭，同于无情之物。如是则一切诸法，被涅槃之所禁伏，尚不得生，何乐之有？”

【注释】

①广州南海：今广东佛山。

②诸行无常，是生灭法，生灭灭已，寂灭为乐：“诸行无常”，指一切事物变化无常，不能永恒常在，此为印证是否真正佛法的三个重要标准（三法印）之一。这首偈的大意是：一切事物都是变化的，有生成也有毁灭，人也有生有死。如果没有生成和毁灭，达到无生无死的涅槃境界，才真正是乐。这里的“生灭”，既指事物的生成和毁灭，也指人的生和死。佛教一贯认为，生成和毁灭的变化过程就是苦的表现，无生无灭才是“乐”。

③四大分散：佛教认为人的肉体由地水火风四种要素（四大）组成，“四大分散”即肉体死亡。

【白话】

僧人志道是广州南海人，他向惠能大师请教：“我自从出家以来，阅读《涅槃经》十几年，仍然不理解此经的基本思想，请大师指导教诲。”惠能大师问：“你什么地方不理解？”志道回答：“经中有一偈：‘诸行无常，是生灭法，生灭灭已，寂灭为乐’。我对这句话有疑问。”大师问：“你为什么有疑问？”志道说：“一切众生都有两种身，一种是作为血肉之躯的色身，一种是作为佛法所成的法身。色身是变化的，有生也有死；法身是永恒的，没有意识也没有感觉。经文说的“生灭灭已，寂灭为乐”，讲的是哪个身寂灭，哪个身享受极乐？如果说是色身，色身在毁灭的时候，组成它的地、水、火、风四种要素都分散了，只有痛苦，不能把这种苦说成是极乐。如果说是法身寂灭，那就和草木瓦石一样毫无知觉，谁又能享受极乐呢？另外，事物和现象的本性也就是生灭变化的本体，五蕴是生灭变化具体的表现和作用，一个本体五种表现和作用，生灭变化应该是永恒的。生就是从本体中产生出现象和功用。灭就是现象或作用返回本体。如果有再生，那就是有情众生，不断在生死之中循环。如果没有再生，那么就永远归于寂灭，这又与草木瓦石等无情识之物相同。这样，人被无生无死的涅槃所束缚，连再生都不可能出现，还有什么极乐呢？”

【经文】

师曰：“汝是释子，何习外道断常[①]邪见，而议最上乘法？据汝所说，即色身外别有法身，离生灭求于寂灭，又推涅槃常乐，言有身受用。斯乃执吝生死，耽著世乐。汝今当知，佛为一切迷人，认五蕴和合为自体相，分别一切法为外尘相。好生恶死，念念迁流，不知梦幻虚假，枉受轮回，以常乐涅槃翻为苦相，终日驰求。佛愍此故，乃示涅槃真乐，刹那无有生相，刹那无有灭相，更无生灭可灭，是则寂灭现前。当现前时亦无现前之量，乃谓常乐。此乐无有受者，亦无不受者，岂有一体五蕴之名？何况更言‘涅槃禁伏诸法，令永不生’，斯乃谤佛毁法。

【注释】

① 断常：“断”即灭绝，“常”即永恒存在。这两种对立的观点都不正确。

【白话】

惠能大师说：“你是释迦牟尼的弟子，怎么以外道关于生死的错误见解，来议论至高无上的佛教教法？根据你所说的，在肉体色身之外还另有一个佛法所成的法身，脱离了生和死而追求涅槃，又推断涅槃是永恒极乐的，主张有一个享受永恒极乐的身体。这是执着于生死，沉溺于世俗的快乐。你现在应该知道：佛看到，一切愚昧无知的人认为五蕴聚合构成了人的自体实相，错误地分别一切外在的现象。贪求生存，憎恶死亡，时时刻刻存在着这些念头，不懂得这一切都如同梦中幻影一样是虚假不真实的，徒劳无益地生死轮回，反而把永恒极乐的涅槃视为苦的表现，终生追求长生的乐趣。佛出于怜悯这些愚昧无知人的缘故，才讲涅槃是真正的快乐。于刹那之间没有生的现象，没有灭的现象，也没有无生无灭的涅槃现象，这就是寂灭的显现。而在寂灭显现的时候，又觉察不到它的踪影，这就叫永恒的极乐。这种极乐既没有可以享受者，也没有不可以享受者，哪里又有一体五蕴的名称呢？何况还说什么‘涅槃禁止和降伏了一切事物，使这些事物不能再生’，这是诽谤佛诋毁佛法之言。

【经文】

“听吾偈曰：无上大涅槃，① 圆明常寂照。凡愚谓之死，外道执为断。诸求二乘人，目以为无作。尽属情所计，六十二见②本。妄立虚假名，何为真实义？惟有过量人，通达无取舍。以知五蕴法，及以蕴中我，外现众色象，一一音声相，平等如梦幻。不起凡圣见，不作涅槃解，二边三际断③。常应诸根用，而不起用想；分别一切法，不起分别想。劫火烧海底，风鼓山相击，真常寂灭乐，涅槃相如是。吾今强言说，令汝舍邪见。汝勿随言解；许汝知少分。”

志道闻偈大悟，踊跃作礼而退。

【注释】

① 无上大涅槃:《坛经》是用禅宗的理论来解释涅槃，把涅槃看作是自我本性的显现。

② 六十二见：佛教所说的外道的六十二种错误观点。此处借指一切错误的观点。

③ 三际：指过去、现在和未来三世。

【白话】

“请听我一首偈：至高无上的大涅槃，是一无所缺，永恒常在，没有散乱，灵然不昧的。愚昧无知的人误把它理解为死亡，外道错把它认为断灭。那些只具声闻、缘觉认识水平的人，又认为它是不能通过做功德善事可以达到的，这都是以世俗偏见来看待涅槃，是产生六十二种错误观点的根本原因。错误地设立了种种虚假的名称，哪里是指什么真实的存在。只有那些具有超常智慧的人，懂得涅槃的真理，既不追求涅槃，也不舍弃涅槃。所以他们知道，构成人体的五种物质和精神要素，以及其中作为主宰的‘自我’，还有自身之外的一切事物和现象，声音相貌，都毫无例外的是梦中的幻影。不要区别凡与圣，不要执着于涅槃的无生无死，也就没有生死和三世的轮回。时时顺应各种感官所具有的作用，但心中又不执着于这些作用。要善于分辨一切事物和现象，却又不执着于辨明一切，即便劫火把大海烧干，灾风把须弥山吹倒，这真实、永恒、极乐的寂灭，却正是涅槃的表现。我今天勉强解释了涅槃，不过是为了消除你的偏见。只要你不根据我的话语望文生义，我就承认你多少懂了些佛法。”

志道听了这首偈，心领神会，完全理解了，欢喜跳跃，向惠能大师行礼之后退出。

【经文】

行思禅师①，生吉州安城②刘氏，闻曹溪法席盛化，径来参礼。遂问曰："当何所务，即不落阶级？"师曰："汝曾作什么来？"曰："圣谛③亦不为。"师曰："落何阶级？"曰："圣谛尚不为，何阶级之有？"师深器之，令思首众。一日，师谓曰："汝当分化一方，无令断绝。"思既得法，遂回吉州青原山，弘法绍化。

【注释】

① 行思禅师：根据《宋高僧传》卷九和《景德传灯录》卷五等载，行思（？—741）是吉州庐陵（今江西吉安）人，出家之后曾到韶州曹溪参见惠能。后来到吉州青原山静居寺弘扬禅法。行思当时在惠能的众多弟子中并不十分著名，以后到他的弟子石头希迁时，行思一系禅宗才兴盛起来，被称为"青原系"。到唐末五代，从青原行思一系之下逐渐分化出曹洞、云门和法眼三派。唐僖宗曾敕谥行思"洪济大师"号。

② 吉州安城：治在今江西吉安。

③ 圣谛：为圣者所认识和讲说的真理，一般指佛的认识和说教。佛教各派对"圣谛"内容有不同解释。如有把"苦集灭道"四谛称为"圣谛"。这里的"圣谛"即指禅宗"不落阶级"的顿悟教义。

【白话】

行思禅师生于吉州安城刘氏家中，听到曹溪惠能大师弘传佛法，影响很大，就直接来参见大师。行思问："应该如何修行，才不是渐修的教法？"大师问："你以前按什么教法修行？"行思回答："我连佛所说的真理都不屑一顾。"大师问："这样就落到什么阶段呢？"行思说："连佛说的真理都不屑一顾，还有什么修行阶段可落？"惠能大师对他十分器重，命他当寺僧的首座。有一天，惠能大师对行思说："你应该单独到一个地方弘教传禅，不要让教法失传。”行思领受了教法，就回到吉州青原山，弘法传禅。

【经文】

怀让禅师[①]，金州[②]杜氏子也。初谒嵩山安国师[③]，安发之曹溪参扣。让至礼拜，师曰：“甚处来？”曰：“嵩山。”师曰：“什么物恁么来？”曰：“说似一物即不中[④]。”师曰：“还可修证否？”曰：“修证即不无，污染即不得。”师曰：“只此不污染，诸佛之所护念。汝既如是，吾亦如是。西天般若多罗[⑤]谶，汝足下出一马驹，踏杀天下人[⑥]，应在汝心，不须速说。”让豁然契会，遂执侍左右一十五载，日臻玄奥，后往南岳，大阐禅宗。

【注释】

① 怀让禅师：据《景德传灯录》卷五和《宋高僧传》卷九记载，怀让（677—744）是金州安康（今属陕西）人，二十岁左右在荆州玉泉寺出家，后到嵩山慧安处习禅，接着又到韶州参见惠能。惠能逝世后，他于唐玄宗先天二年（713）到南岳般若寺观音台弘教传禅。到他的弟子马祖道一时，怀让一系禅宗兴盛起来，被称为南岳一系。到唐末，从南岳系下分出沩仰和临济两派。唐敬宗敕谥怀让“大慧禅师”号。

② 金州：今陕西安康。

③ 安国师：弘忍的弟子，曾常住嵩山弘教传禅。据说他生于隋开皇二年（582），死于唐景龙三年（709）。

④ 说似一物即不中：“不中”即不行，不可以。禅宗认为，人的本心和本性是离言绝相的，明心见性的禅境体验不能以语言来确切描述。前一句问“什么物恁么来”是机语，暗指是否明见本性，由于语言对描述悟境有局限性，所以回答“说似一物即不中”。这句话后来常为禅僧们所引用。

⑤ 西天般若多罗：请参见《付嘱第十》注。

⑥汝足下出一马驹，踏杀天下人：指怀让门下出现马祖道一之后，使禅宗兴盛起来。马祖道一（709—788）是汉州什邡（今属四川）人，初从资州（治所在今四川资中）处寂出家习禅，后来到湖南南岳，投到怀让门下，学禅十年。他曾在建阳佛迹岭（今属福建）、临州（今属江西）、南康龚公山（今属江西）、钟陵（今江西南昌附近）等地传禅，学徒众多，形成了很大影响。

【白话】

怀让禅师是金州杜氏之子，最初他谒见嵩山惠安国师，惠安让他到曹溪参学。怀让来到曹溪向惠能大师行礼致敬，惠能大师问："你从什么地方来？"怀让回答："我从嵩山来。"惠能大师说："什么东西这样来？"怀让禅师回答："说像个什么东西都不可以。"大师问："还用修行和证悟吗？"怀让禅师回答："可以修行也可以证悟，但不能使其受污染。"惠能大师说："只要于此没有污染，这是一切佛所维护的。你既然是这样，我也是这样。印度般若多罗大师有一个预言：在你的门下要出一个马驹子，可以征服天下人。这个预言应在你心中，不要急着说出来。"怀让心中明白，服侍惠能大师十五年，禅学修养日益提高。后来到了南岳衡山，大力弘扬禅宗。

【经文】

永嘉玄觉禅师[①]，温州戴氏子。少习经论，精天台止观法门[②]，因看《维摩经》，发明心地。偶师弟子玄策相访，与其剧谈，出言暗合诸祖。策云："仁者得法师谁？"曰："我听方等经论[③]，各有师承，后于《维摩经》悟佛心宗[④]，未有证明者。"策云："威音王[⑤]已前即得，威音王已后，无师自悟，尽是天然外道。"曰："愿仁者为我证据。"策云："我言轻，曹溪有六祖大师，四方云集，并是受法者，若去则与偕行。"

【注释】

① 永嘉玄觉禅师：玄觉（665—713）是温州永嘉（今浙江省永嘉县）人，早年出家后曾学习天台宗的教义，后来到曹溪参见惠能。据说惠能曾留他居住一夜，世称“一宿觉”。著有《证道歌》，宣扬惠能的禅学思想，流传很广。他还著有《证道歌》、《禅宗悟修圆旨》以及《观心十门》等，后人辑为一书，称作《永嘉集》。

② 精天台止观法门：“天台”指天台宗，是中国佛教的一个宗派。天台宗重视《法华经》，所以也称“法华宗”。在教义上，天台宗主张一切事相都是法性真如的表现，并用“一念三千”和“三谛圆融”予以发挥。天台宗主张定（止）慧（观）双修，所以用“止观法门”概指天台宗的全部理论和实践。玄觉出家后长期学习天台教义，故有“精天台止观法门”之说。

③ 方等经论：“方等”也称方广，是对佛教经典的总称。“方等经论”即通称大乘佛教的经典。

④ 佛心宗：禅宗的别名。由于禅宗主张传佛心印，强调明心，故名。

⑤ 威音王：佛教传说是空劫初成之佛，在此佛之前没有佛。禅宗僧人常用“威音王已前”来比喻所谓“实际理地”，比喻人的本心。

【白话】

永嘉的玄觉禅师是温州戴氏之子，少年时代学习佛教的经和论，特别精通天台宗的止观教义，因为阅读《维摩经》而认识了心性理论。他偶然遇到惠能大师的弟子玄策来访，两人相互谈论，玄觉的议论与佛祖的真义暗合。玄策问：“你跟随哪位师父学习？”玄觉说：“我听到的诸家经论，各有师承关系，后来由于学习《维摩经》而理解了以心传心的教义。还没有人验证我的见解是否正确。”玄策说：“在威音王之前，无师自通是可以的，在威音王之后，无师自通当然都是外道。”玄觉禅师说：“希望你能给我验证。”玄策说：“我人微言轻，不足以为你验证。曹溪有位六祖大师，各地的求学者都到他那里听讲教法，如果你愿意去，我可以和你同行。”

【经文】

觉遂同策来参，绕师三匝，振锡而立，师曰：“夫沙门①者，具三千威仪②，八万细行③，大德自何方而来，生大我慢？”觉曰：“生死事大，无常迅速。”师曰：“何不体取无生，了无速乎？”曰：“体即无生，了本无速。”师曰：“如是，如是。”玄觉方具威仪礼拜，须臾告辞。师曰：“返太速乎？”曰：“本自非动，岂有速耶？”师曰：“谁知非动？”曰：“仁者自生分别。”师曰：“汝甚得无生之意。”曰：“无生岂有意耶？”师曰：“无意谁当分别？”曰：“分别亦非意。”师曰：“善哉，少留一宿。”时谓“一宿觉”。后著《证道歌》盛行于世。

【注释】

① 沙门：梵文音译之略，也译“沙门那”、“桑门”等，意译“勤劳”、“功劳”、“劬劳”、“息心”等。原是指古印度反对婆罗门教的各派出家者。佛教用以专指佛教僧侣。

② 三千威仪：“三千”喻数量之多，并非实指，“威仪”指僧人的动作行为有威德、有仪则。指在各种戒律之外的仪则规定。

③ 八万细行：“八万”喻数量之多，并非实指。“细行”，指戒律之外的各种微细的仪则规定。据说这是大乘菩萨所要遵守的。

【白话】

玄觉禅师跟着玄策来到曹溪，参见惠能大师。他绕着惠能大师转了三圈，然后举起锡杖，立在一旁。惠能大师说：“沙门应该具备三千威仪，八万细行，你从哪里来，竟然如此傲慢自负？”

玄觉禅师说："人的生死是件大事，而且交替变化很快。"惠能大师说："为什么不领悟无生无死的道理，明了没有迅速变化的真理？"玄觉说："认识自性就知道本来没有生死，明了本心就没有迅速变化。"惠能大师说："正是这样，正是这样！"这时，玄觉禅师向惠能大师郑重行礼。停了一会儿，他向惠能大师告辞。惠能大师说："你返回的太快了吧？"玄觉说："本来就不是动，哪里有什么快慢？"惠能大师说："谁能知道不是动呢？"玄觉说："那是你自己的认识。"惠能大师说："你完全理解了无生无死的含义。"玄觉说："无生无死还有含义吗？"惠能大师说："没有含义谁能认识呢？"玄觉说："认识本身也不是含义。"惠能大师说："说得好！请住一夜吧。"玄觉在惠能大师那里住了一夜。当时人称玄觉"一宿觉"。后来玄觉作了一首《证道歌》，流传很广。

【经文】

禅者智隍，初参五祖，自谓已得正受①，庵②居长坐，积二十年。师弟子玄策，游方至河朔，闻隍之名，造庵问云："汝在此作什么？"隍曰："入定。"策云："汝云入定，为有心入耶？无心入耶？若无心入者，一切无情，草木瓦石，应合得定。若有心入者，一切有情含识之流，亦应得定。"隍曰："我正入定时，不见有有无之心。"策云："不见有有无之心，即是常定，何有出入？若有出入，即非大定③。"隍无对。

【注释】

①正受：禅定的异名。据佛教经典解释，心中没有邪念为"正"，纳法于心为"受"。这里指智隍真正具有禅定功夫，对真正的禅境有了体验。

②庵：这里指僧人修行所居的茅屋。

③大定：被认为诸佛的"三德"之一，佛心澄明称为"大定"。

这里的“大定”可理解为禅宗的禅定理论。

【白话】

智隍禅师当初曾参见五祖弘忍大师，自认为已真正体验了禅境，常在庵室静坐，已有二十年。惠能大师的弟子玄策游方到河北一带，听到智隍的名声，到庵室来拜访，问智隍：“你在这里修习什么？”智隍回答：“修习入定。”玄策又问：“你既然说入定，那么入定时心里有念头还是没有念头？如果入定时心里没有念头，那么一切没有情识的草木瓦石之类也都是入定了。如果入定时心里有念头，那么包括人在内的一切有情众生都能达到入定状态。”智隍说：“当我入定时，不知有念头，也不知无念头。”玄策说：“入定时既不知有念头和无念头，叫作常定。既然是常定，哪里有出入之分？如果有出定入定，就不是真正的定了。”智隍无言以对。

【经文】

良久问曰：“师嗣谁耶？”策云：“我师曹溪六祖。”隍云：“六祖以何为禅定。”策云：“我师所说，妙湛圆寂，体用如如。五阴本空，六尘非有，不出不入，不定不乱。禅性无住，离住禅寂；禅性无生，离生禅想，心如虚空，亦无虚空之量。”隍闻是说，径来谒师。师问云：“仁者何来？”隍具述前缘。师云：“诚如所言，汝但心如虚空，不著空见，应用无碍，动静无心，凡圣情忘，能所[①]俱泯，性相如如，无不定时也。”隍于是大悟，二十年所得心，都无影响。其夜河北士庶，闻空中有声云：“隍禅师今日得道。”隍后礼辞，复归河北，开化四众[②]。

【注释】

①能所：佛教把自动之法称为“能”，被动之法称为“所”，“能”相当于认识的主体，“所”相当于认识的对象。

②四众：有两种含义。其一指出家在家的四类佛教信徒，即比丘、比丘尼、优婆塞（受过五戒的在家男居士）、优婆尼（受过五戒的在家女居士）。其二，指出家的四类佛教信徒，即比丘、比丘尼、沙弥、沙弥尼。这里的“四众”兼有两重含义。

【白话】

过了一会儿，智隍问道：“你的师父是谁？”玄策回答：“我师父是曹溪六祖惠能大师。”智隍问：“六祖大师以什么为禅定？”玄策说：“我师所讲的禅定，是法身湛然常寂，法性体用一如。五蕴并没有永恒的本性，六尘并不是真实的存在，没有入定出定之别，没有精神专注和精神散乱的区别。禅的本性是不执着，所以不能执着禅的静寂。禅的本性是没有生死，所以也不应有冥想。其心如虚空，却没有虚空的量度标准。”智隍听了玄策的这些话，就直接去见惠能大师。惠能大师问：“你从哪里来？”智隍把遇到玄策的事讲了一遍。惠能大师说：“正像玄策所说，你只要心如虚空，又不要执着于空妄，自由自在地运用，虽有作为但无动于心，忘掉凡人和圣贤的感情，消除主体与客体的差别，这样，本质和现象统一，没有不在定的时候。”智隍于是大悟。二十年修行所得都完全消失了。这天晚上，河北地方的官吏和百姓都听到空中有声音：“智隍禅师今日得道。”后来智隍禅师辞别惠能大师，返回河北．致力于教化大众。

【经文】

一僧问师云：“黄梅意旨[①]，什么人得？”师云：“会佛法人得。”僧云：“和尚还得否？”师云：“我不会佛法。[②]”

【注释】

①黄梅意旨：指五祖弘忍的教法。

②……我不会佛法：这一段问话，是强调禅宗自证自悟的教义，主张学徒不能从老师那里现成获得什么东西。

【白话】

有一位僧人问惠能大师："黄梅弘忍大师的教法谁得到了？"惠能大师说："懂佛法的人得到了。"僧人问："大师得到了没有？"惠能大师说："我不懂佛法。"

【经文】

师一日欲濯所授之衣，而无美泉，因至寺后五里许，见山林郁茂，瑞气盘旋。师振锡卓地，泉应手而出，积以为池，乃跪膝浣衣石上。忽有一僧来礼拜云："方辩是西蜀人，昨于南天竺国，见达磨大师，嘱方辩：'往唐土，吾传大迦叶[①]正法眼藏[②]及僧伽梨[③]，见传六代，于韶州曹溪，汝去瞻礼。'方辩远来，愿见我师传来衣钵[④]。"师乃出示。次问："上人攻何事业？"曰："善塑。"师正色曰："汝试塑看。"辩罔措。过数日，塑就真相可高七寸，曲尽其妙。师笑曰："汝只解塑性，不解佛性。"师舒手摩方辩顶曰："永为人天福田。"师仍以衣酬之。辩取衣分为三，一披塑像，一自留，一用棕裹瘗地中。誓曰："后得此衣，乃吾出世，住持于此，重建殿宇。"

【注释】

①大迦叶：也称"摩诃迦叶"，是佛陀的十大弟子之一。古印度摩揭陀国王舍城人，属婆罗门种姓，根据禅宗典籍《联灯会要》卷一记载，释迦牟尼在灵山会上，大梵天王献上金色波罗花，释迦即"拈花示众"，众人不解其意，唯有摩诃迦叶"破颜微笑。"释迦说："吾有正法眼藏，涅槃妙心，实相无相，微妙法门，不立文字，教外别传，付嘱摩诃迦叶。"禅宗据此尊迦叶为天竺初祖。

②正法眼藏：亦名“清净法眼”。用以称释迦牟尼所传之“涅槃妙心”，或即禅宗“以心传心”之“心”，可以泛指佛教的真正教法。

③僧伽梨：佛教僧人穿的三种衣服之一。进王宫和出入城镇村落时穿用。用九条布乃至十五条布缝制而成。从布的条数说，也称“九条”或“九品大衣”。

④愿见我师传来衣钵：这一段是禅宗的话。

【白话】

有一天，惠能大师想洗涤五祖所传的袈裟，可是附近没有洁净的泉水，所以走到寺院后面五里左右的地方，看见山林茂密，瑞气祥云笼罩其上。惠能大师便举起锡杖朝地上一戳，泉水立即涌流出来，形成一个大池子。于是惠能大师便跪下洗袈裟。正在这时，一位僧人走来向惠能大师行礼，并说：“我叫方辩，是西蜀人，昨天我在南天竺国见到达磨大师，他嘱咐我赶快到中国，他所传大迦叶的教法及其僧衣现在传到第六代，在韶州曹溪，让我来瞻仰礼拜。我远道而来，希望能见到达磨大师所传袈裟。”惠能大师便拿出袈裟让他看，然后问：“你有什么技能呢？”方辩回答：“我擅长雕塑。”惠能大师十分严肃地说：“你试塑一个让我看。”方辩一时不知如何是好。过了几天，方辩塑成一个惠能大师的像，高约七寸，十分逼真。惠能大师笑道：“你只懂得雕塑的性质，不懂佛的性质。”惠能大师伸手抚摩着方辩的头说：“永远成为人和天的种福之田。”惠能大师以所传袈裟酬劳方辩。方辩把法衣分为三份，一份披在惠能大师塑像上，一份自己珍藏，一份用棕叶包好埋在地下，然后发誓说：“以后得到这件法衣的人，那就是我再生于世，我将在这里居住并宣讲佛法，重建寺院。”

【经文】

有僧举卧轮禅师[①]偈曰：“卧轮有伎俩，能断百思想，对境心不起，菩提日日长。”

师闻之曰：“此偈未明心地。若依而行之，是加系缚。”因示一偈曰：“惠能没伎俩，不断百思想，对境心数起，菩提作么长？”

【注释】

① 卧轮禅师：此人事迹不详。

【白话】

有位僧人转述卧轮禅师写的一首偈颂：“卧轮禅师有本事，能消除各种各样的心念。面对一切现象都不起念，这样菩提就日日增长。”惠能大师听过之后说：“写这首偈的人还没有明见自己的本心。如果按照这首偈来修行，是自己给自己套上枷锁。”所以他又给大家说了一首偈：“惠能没有什么本事，并不致力于消除各种心念，面对各种现象仍然有念，菩提又怎么能增长？”

顿渐第八

【经文】

时，祖师居曹溪宝林，神秀大师在荆南玉泉寺。于是两宗盛化，人皆称南能北秀，故有南北二宗顿渐之分，而学者莫知宗趣。师谓众曰："法本一宗，人有南北。法即一种，见有迟疾①。何名顿渐？法无顿渐，人有利钝，故名顿渐。"

【注释】

① 见有迟疾：犹言"理解有快慢"，指人的认识能力有差别。

【白话】

六祖惠能大师住持曹溪宝林寺时，神秀大师住持荆南玉泉寺，当时两派都很兴盛，人们称之为南能北秀，所以有了南北二宗的顿教和渐教之分，然而参禅僧人大都不了解其宗旨。惠能大师对大家说："教法本来只有一个宗旨，只是学习教法的人有南北地区差别；教法只有一种，只是人们对教法的理解速度有快慢。什么叫顿教、渐教？教法本来没有顿渐之分，只是人的天资不同，所以才有了顿渐的名称。"

【经文】

然秀之徒众，往往谩南宗祖师："不识一字，有何所长？"秀曰："他得无师之智①，深悟上乘②，吾不如也。且吾师五祖，亲传衣法，岂徒然哉？吾恨不能远去亲近，虚受国恩③。汝等诸人毋滞于此，可往曹溪参决④。"一日，命门人志诚曰："汝聪明多智，可为吾到曹溪听法。若有所闻，尽心记取，还为吾说。”

【注释】

① 无师之智：不经过老师指导而自己认识和理解教义的智慧。“无师智”一般是指佛的“智慧”，《法华经·譬喻品》中有这种说法。

② 深悟上乘：“上乘”指佛的最高智慧，与前面的“最上乘”、“佛乘”的意思相同，这里可以理解为禅宗的教义。此句大致可以理解为“认识和体验了佛教的最高境界”。“悟”在这里不仅有“认识、理解”的含义，还有“体验”的含义。

③ 虚受国恩：惠能一派当时在政治上与唐朝庭保持着一定距离，神秀一派则与唐王朝关系密切。神秀得到唐中宗和武则天的重视，曾入内道场。“虚受国恩”即指唐代帝王对神秀的特殊礼遇。

④ 参决：指参见、受决。“受决”原指从佛那里获得自己将来要成佛的预言。这里的“参决”可以简单理解为“求教”。

【白话】

然而，神秀的弟子们都时常讥笑惠能大师：“连一个字都不认识，还能有什么本事？”神秀听到这些话以后，对弟子们说：“惠能大师具有无师自通的大智慧，完全认识和体验了佛教的最高境界，我比不上他。况且我的师父五祖弘忍大师曾把衣钵教法传授给他，这还能是假的吗？我很遗憾不能远道前往向他求教，在这里枉受朝廷的恩宠。你们大家不要滞留此地，可以到曹溪去求教于惠能大师，以消除心中的疑惑。”有一天，神秀大师对弟子志诚说：“你既聪明又机灵，可以替我到曹溪听惠能大师宣讲佛法。如果听到什么重要的教法，一定要牢记心中，回来讲给我听。”

【经文】

志诚禀命至曹溪，随众参请①，不言来处。时祖师告众曰：

“今有盗法之人，潜在此会。”志诚即出礼拜，具陈其事。师曰：“汝从玉泉来，应是细作②。”对曰：“不是。”师曰：“何得不是？”对曰：“未说即是，说了不是。”师曰：“汝师若为示众③？”对曰：“常指诲大众，住心观净④，长坐不卧。”师曰：“住心观净，是病非禅。常坐拘身，于理何益⑤？听吾偈曰：

生来坐不卧，
死去卧不坐。
一具臭骨头，
何为立功课？”

【注释】

① 参请：即参学请益。“请益”见前注。

② 细作：间谍、奸细。

③ 示众：即训导教诲众人，以后禅宗语录中多用此词，以表示禅师开始宣讲教义或回答疑难问题。

④ 住心观净：指在坐禅过程中集中精力，观想或思考清净的境界。惠能历来否认“心”和“净”有可见的形状，反对把它们作为观想的对象，这是惠能批判神秀禅法的一个重要论点，在《坛经》中多次出现，请参见。

⑤ 常坐拘身，于理何益：长时间约束身体静坐，对于认识和体验佛教的真理有什么益处？神秀北宗强调坐禅在修行过程中的作用，主张长期打坐，认为这是达到解脱的一种手段。惠能南宗则贬低静坐在修行过程中的作用，认为无论行住坐卧，无论保持什么样的身体姿态，都不妨碍明心见性，关键是要保持所谓“无念”、“无住”的心理状态。

【白话】

志诚接受了神秀大师的命令，来到曹溪宝林寺。他混在参禅僧人中间礼拜惠能，听讲佛法，但没有说明自己的来历。这时，惠能大师对众人说："现在有一个妄图偷盗我的教法的人，隐藏在你们中间。"志诚闻听，连忙从人群中走出来，向惠能大师行礼致敬，并原原本本讲述了自己奉神秀大师之命来听讲佛法的事。惠能大师说："你从玉泉寺神秀那里来，自然是奸细了。"志诚说："我不是奸细。"惠能大师问："为什么不是？"志诚回答："没有坦白以前我自然是奸细，坦白以后我就不是奸细了。"惠能大师问："你师父是怎样教导弟子们的？"志诚回答："我师父常教导僧众，要精神专一，集中注意力去观想清净的境界，勤于打坐参禅，不要躺下休息。"惠能大师说："保持精神高度集中去观察思考清净的境界，并不是真正的修禅，而是一种禅学的弊病。约束身体，摆正姿态，长时间的静坐，对认识和体验佛教真理有什么益处？且听我一首偈吧：生前执意追求长坐不卧，岂不知死后只能长卧不坐。长时间的坐禅习定并不能使人超脱生死轮回，生前死后此身都不过是一具臭骨头，何必要以长时间打坐为每日修行的基本项目呢？"

【经文】

志诚再拜曰："弟子在秀大师处，学道九年，不得契悟[①]。今和尚一说，便契本心[②]。弟子生死事大，和尚大慈，更为教示。"师曰："吾闻汝师教示学人戒定慧法，未审汝师说戒定慧行相[③]如何，与吾说看。"诚曰："秀大师说，诸恶莫作名为戒，诸善奉行名为慧，自净其意名为定。彼说如此，未审和尚以何法诲人？"师曰："吾若言有法与人，即为诳汝[④]。但且随方解缚[⑤]，假名三昧。如汝师所说戒定慧，实不可思议[⑥]。吾所见戒定慧又别。"志诚曰："戒定慧只合一种，如何更别？"师曰："汝师戒定慧接大乘人，吾戒定慧接最上乘人。悟解不同，见有迟疾。汝听吾说，与彼同否？吾所说法，不离自性。离体[⑦]说法，名为相说[⑧]，自性常迷。须知一切万法，皆从自性起用，是真戒定慧法。听吾偈曰：心地无非自性戒⑨，心地无痴自性慧，心地无乱自性定，不增不减自金刚⑩，身去身来本三昧⑪。”

诚闻偈，悔谢，乃呈一偈曰：“五蕴幻身⑫，幻何究竟。回趣真如，法还不净⑬。”

师然之。

【注释】

① 契悟：即与本心的契合，对本心的认识和体验。

② 契本心：与“识心”、“见性”的意思大致相同。

③ 行相：原指人的心识接触外在的认识对象所表现的功能、形态等，指的是心理活动的状态。这里的“行相”可以简单理解为“具体内容”。即戒定慧的具体内容。

④ 若言有法与人，即为诳汝：禅宗强调自证自悟，认为参禅者并不能从老师那里接受什么东西。所以说“如果告诉你有所传授的东西，就是欺骗你了。”

⑤ 随方解缚：“方”即“方便”，指根据不同情况而采取的各种灵活手段和方法。“解缚”，解除束缚，消除人们的错误观念。

⑥ 不可思议：即不能心思口议，本是指教理十分精妙深奥。从上下文看，此处的“不可思议”倒不是颂扬赞誉之词。

⑦ 体：此处即指自我的本性。

⑧ 相说：即着相之谈，是执着于虚幻不实的现象的讲说，不是具有真理性的讲说。

⑨ 心地无非自性戒：“心地”，佛教认为，一切事物和现象都是“心”派生的，“心”如同能够生长庄稼的土地，所以叫“心地”。《坛经》把戒定慧都视为自我本性中先天具有的东西，所以给戒定慧都冠以“自性”之称。这样，守戒就并不表现在遵守具体的戒律条文上，而是表现在自我的心理活动上。如果心中没有是非之念，就是

达到了“自性戒”。以下关于“定”和“慧”也是从这个意义上讲的。

⑩ 不增不减自金刚：以“金刚”比喻自性的坚固。自我的本性原本就具足一切，处于生死轮回之中的凡夫的自性没有什么减少的，超脱生死轮回而成佛之后，自性也没有什么可增加的。

⑪ 身去身来本三昧：身体的各种活动和各种姿态都本于三昧，都可以是三昧的表现，因此，“入定”并不只表现在约束身体的静坐上。

⑫ 五蕴幻身：身体由五种物质和精神要素聚合而成，五种要素分散，身体也就不存在了。所以，身体是虚幻不真实的。

⑬ 回趣真如，法还不净：如果回归真如自性，即不离开真如自性讲戒定慧，那么一切就都是真实清净的；如果离开真如自性另外讲戒定慧或追求戒定慧，那么这一切教法（特指神秀讲的戒定慧教法）就都是不真实的，不清净的。

【白话】

志诚再次向惠能大师行礼，说：“学生跟随神秀大师学道九年，并没有真正懂得佛法。今天听了大师教诲，我便懂得了本心佛性的道理。弟子也以超脱生死轮回为头等大事，希望大师慈悲为怀，进一步为学生讲说。”惠能大师说：“我听说你师父也教导人们关于戒、定、慧的方法，不知道你师父所讲的戒、定、慧的具体内容是什么？请你给我说一下。”志诚说：“神秀大师说，不做一切恶事就叫戒，做一切善事就叫慧，保持没有邪念的心理状态就称为定。神秀大师就是这样讲的，不知大师怎样教诲参禅者？”惠能大师说：“如果我告诉你有可以传授给别人的教法，就是欺骗你了。只好据不同情况为纠正他人的错误讲一些，这本无名称，只是借用三昧之名。你师父所讲的戒定慧的确令人不可思议。但是我所理解的戒定慧又与此不同。”志诚说：“戒定慧只应该有一种，怎么还有不同的另一种戒定慧？”惠能大师说：“你师父所讲的戒定慧是教诲有大乘智慧的人，我所讲的戒定慧是指示最上乘的人。人们的认识能力不同，理解速度也有快慢。你先听我讲，看看与你师父讲的相同不相同？我宣讲教法，从不离开自性，如果离开自性讲说教义，那就叫‘相说’，是迷惑于自性的表现。应该懂得，一切事物和现象都是从自性上产生其功效，这才是真正的戒定慧教义。且听我一首偈：自心如果没有是非就是自性戒，自心如果不愚昧就是自性慧，自心如果不散乱就是自性定。不可增加也不可减损，自性就是坚不可摧的金刚体。不必约束身体去长久打坐，身体的自由活动本来就是定。”志诚听了这首偈，悔过致谢，呈上一首偈：“由五蕴组成的身体是虚幻的，既是虚幻的又怎能成为真实呢？只有真如本性才是洁净的，离开本性一切教法都有污染。”惠能大师表示同意。

【经文】

复语诚曰：“汝师戒定慧，劝小根智人；吾戒定慧，劝大根智人。若悟自性，亦不立菩提涅槃，亦不立解脱知见，无一法可得，方能建立万法。若解此意，亦名佛身，亦名菩提涅槃，亦名解脱知见。见性之人，立亦得，不立亦得，去来自由①，无滞无碍。应用随作，应语随答，普见化身，不离自性，即得自在神通②，游戏三昧③，是名见性。”志诚再拜启师曰：“如何是不立义？”师曰：“自性无非、无痴、无乱，念念般若观照，常离法相，自由自在。纵横尽得，有何可立？自性自悟，顿悟顿修，亦无渐次，所以不立一切法。诸法寂灭，有何次第？”志诚礼拜，愿为执侍，朝夕不懈。

【注释】

①去来自由：由于前面讲认识了自我的本性之后，可以叫做“佛

身”、“涅槃”和“解脱”，所以这里的“去来”有“生死”的含义。

② 神通：梵文意译，亦译“神通力”、“神力”等，指通过修持禅定所得到的神秘灵力。佛、菩萨等都有神通。常说的有“五神通”：1.神足通，指身能上天入地，来往于三界之中，变化无方；2.天眼通，指能够看到众生生死轮回具体过程和具体状况；3.天耳通，指能听到六道中的众生苦乐忧喜的声音语言等；4.他心通，指能知道六道众生心中所念之事；5.宿命通，指能知道自已前生所作的一切事。也能知道六道众生的宿命。以上的五神通能力大小还有区别。《坛经》讲“神通”主要还是强调自我的心理活动。

③ 游戏三昧：据说菩萨获得了这种三昧就可以出入自在，无所畏惧。比如百兽在游戏时，看见狮子到来就十分恐惧，很不自在了。但是如果一群狮子游戏时，无论什么野兽到来，狮子仍然自由自在地游戏，无所畏惧，好像什么事都没有发生一样。禅宗常把机锋棒喝也称为“游戏三昧”。此处的“游戏三昧”也不是指具体的入定，而是表达自由自在、无所畏惧的意思。

【白话】

惠能大师又对志诚说：“你师父所讲的戒定慧，是规劝教诲天资低下、只能理解粗浅教义的人。而我所讲的戒定慧，是规劝教诲天生素质高、能够理解高深教义的人。如果认识、领会和体验了自我的本性，就可以不追求菩提、涅槃，不追求超脱生死轮回的解脱智慧。达到一无所获的境界，也正是从自我本性中获得一切的境界，如果你能懂得这个道理，可以叫作佛身，亦可以叫作菩提、涅槃，也可以叫作解脱智慧。对于认识，理解和体验了自我本性的人，树立一个追求目标也可以，不树立一个追求目标也可以，生死来去，自由自在，没有任何阻碍。当行则行，当语则语，根据不同的时间、地点和对象。随机应变，这就是到处可见的化身佛。一切行动、语言和思想，都不离开自性，这就获得了广大的神通，如同狮子优游于众兽之中，任性随意，无所畏惧，这就叫认识了自己的本性。”志诚再次向惠能大师行礼，问：“什么是不立的意思呢？”惠能大师说：“自我的本性没有是非之念，没有愚昧之念，没有一切杂念，时时用般若智慧来观察审视，不要执着一切事物和现象，自由自在，在任何地方都会悠然自得，还要树立什么追求的目标呢？自己认识和体验了自己的本性，顿悟顿修，不经过任何过程，没有任何修行所要经历的阶段，所以不树立任何追求的目标。任何事物和现象都寂灭，又有什么高下之分呢？”志诚行礼致敬，愿意朝夕服侍惠能大师，永不懈怠。

【经文】

僧志彻，江西人，本姓张，名行昌，少任侠。自南北分化，二宗主虽亡彼我，而徒侣竞起爱憎。时北宗门人，自立秀师为第六祖，而忌祖师传衣为天下闻，乃嘱行昌来刺师[①]。师心通[②]，预知其事，即置金十两于座间。时夜暮，行昌入祖室，将欲加害。师舒颈就之。行昌挥刃再三，悉无所损。师曰：“正剑不邪，邪剑不正，只负汝金，不负汝命。”行昌惊仆，久而方苏，求哀悔过，即愿出家。师遂与金，言：“汝且去，恐徒众翻害于汝。汝可他日易形而来，吾当摄受。[③]”行昌禀旨宵遁。后投僧出家，具戒[④]精进。

【注释】

①……乃嘱行昌来刺师：神秀和惠能在世时，两派还没有出现严重对立。另外，以广东韶关为据点的惠能一派势力较小，也没有对神秀北派构成威胁。因此，当时北派不可能派人行刺惠能。两派为争夺正统地位而进行斗争，是在惠能逝世之后才出现的。

② 心通：即“他心通”。

③ 摄受：原指以慈悲心拯救众生，这里可以理解为“接受志彻

为徒”。

④具戒：即“具足戒”的略称，也称“大戒”。是佛教比丘和比丘尼的戒律。

【白话】

僧人志彻是江西人，俗姓张，名叫行昌。少年时代好行侠义之事。自以南北分派之后，神秀和惠能身为两派的领袖，都没有彼此要争高下的想法，但是他们的弟子却相互敌视。当时北宗僧人把神秀尊为第六代祖师，又害怕六祖得到五祖衣钵的事为天下人知晓，就派行昌来刺杀惠能大师。惠能大师有知道他人心中想法的神通，早已知道了此事，便拿出十两黄金放在座位上。一天晚上，行昌悄悄进入惠能大师的卧室准备行刺。惠能从容伸出脖子让他砍。行昌挥刀用力连砍三次，都没有能伤害惠能大师。惠能大师说：“其心正直则使用的刀剑就不会邪恶，其心邪恶则使用的刀剑就不会正直。我只欠你十两黄金，并不欠你一条人命。”行昌一听，又惊又怕，昏倒地下。过了好久才苏醒过来，哀求惠能大师宽恕，表示愿意悔过自新，并且剃发出家。惠能大师把十两金子交给行昌，说：“你快离开这里，恐怕我的弟子们知道你来行刺我，以后会加害于你。你日后可以经过化装再来，我将收你为徒。”行昌接受了惠能大师的旨意，不敢滞留，连夜逃走。后来行昌出家为僧，受了具足戒，勤奋修行。

【经文】

一日，忆师之言，远来礼觐。师曰：“吾久念汝，汝何来晚？”曰：“昨蒙和尚舍罪，今虽出家苦行，终难报德，其惟传法度生乎？弟子常览《涅槃经》，未晓常无常[①]义，乞和尚慈悲，略为解说。”师曰：“无常者，即佛性也；有常者，即一切善恶诸法分别心也。”曰：“和尚所说，大违经文。”师曰：“吾传佛心印，安敢违于佛经？”曰：“经说佛性是常，和尚却言无常。善恶诸法乃至菩提心，皆是无常，和尚却言是常。此即相违，令学人转加疑惑。”师曰：“《涅槃经》，吾昔听尼无尽藏诵读一遍，便为讲说，无一字一义不合经文。乃至为汝，终无二说。”

【注释】

① 常无常：“常”一般指永恒不变，真实不虚假；“无常”指变动不居，虚假不真实。在以下的对话中，行昌所讲的是《涅槃经》的经文，而惠能则是依据禅宗教义对《涅槃经》重新解释。

【白话】

有一天，行昌想起惠能大师的嘱咐，就远道赶来参见大师。惠能大师问：“我一直很想念你，为什么隔了这么长时间才来？”行昌说：“以前承蒙大师饶恕我的罪过，现在虽然出家为僧，勤修苦行，仍然觉得难以报答大师的恩德，惟一的办法只有追随大师弘扬佛法，拯救世间的芸芸众生。弟子经常阅读《涅槃经》，不理解常和无常的意思，求大师以慈悲为怀，大略给我讲解一下。”惠能大师说：“所谓瞬间即变的无常，就是佛性，所谓永恒不变易的常，就是区别一切事物和现象或善或恶的心念。”行昌说：“大师所讲的，与经文的意思完全违背。”惠能大师说：“我传授以心传心的佛法，怎么敢违背佛经？”行昌说：“经中明确说佛性是永恒不变易的，大师却说它是瞬间即变的，经文上说区别一切事物和现象或善或恶的心念，乃至觉悟成佛的心念都是瞬间万变的，大师却说它们是永恒不变的，这就是相互矛盾之处。使学生更加疑惑不解了。”惠能大师说：“我过去曾听比丘尼无尽藏诵读过一遍《涅槃经》，然后我就为她讲解《涅槃经》的义理，没有一字一句不符合经典的本意。至于给你讲说，也始终不会有两样。”

【经文】

曰："学人识量浅昧，愿和尚委曲开示。"师曰："汝知否？佛性若常，更说什么善恶诸法，乃至穷劫，无有一人发菩提心者。故吾说无常，正是佛说真常之道也。又一切诸法若无常者，即物物皆有自性，容受生死，而真常性有不遍之处，故吾说常者，正是佛说真无常义。佛比为凡夫、外道，执于邪常，诸二乘人[①]，于常计无常，共成八倒[②]，故于涅槃了义[③]教中，破彼偏见，而显说真常、真乐、真我、真净。汝今依言背义，以断灭无常及确定死常，而错解佛之圆妙最后微言，纵览千遍，有何所益？[④]"

【注释】

① 二乘人：指声闻、缘觉。

② 于常计无常，共成八倒：把真正的永恒误认为是变化，从而形成八种颠倒的错误见解。"八倒"：愚昧凡夫把生死轮回的无常、无乐、无我和不净，误认为是常、乐、我、净。这是凡夫的"四倒"。声闻、缘觉二乘人把涅槃的常、乐、我、净，误认为是无常、无乐、无我、无净，这是二乘人的"四倒"。这两个"四倒"加起来就是"八倒"。这里的"常"是永恒常在，真实不虚假；"乐"指没有痛苦只有欢乐："我"是主宰者，可以指法身；"净"是没有任何导致生死轮回的错误思想和不良情绪（即"烦恼"）。

③ 了义：即没有隐瞒地说出终极真理。

④ 汝今依言背义……纵览千遍，有何所益：这是批驳行昌不懂得常与无常的关系。《坛经》在这一段所表达的意思是：常可以说成是无常，无常也可以说成是常。因为惠能是以禅宗的"自性"的特点来理解《涅槃经》中的涅槃概念，"自性"既非常又非无常，所以佛说常的地方，他可以说无常。

【白话】

行昌说："我天生愚钝，学识浅薄，希望大师能为我详细讲一下。"惠能大师说："你知道吗，如果佛性是永恒不变的，为什么还要讲或善或恶的事物和现象，那就历尽无数劫也没有一个人萌发觉悟佛教真理的心念。所以我说的无常正是佛所讲的真正永恒不变的道理。另外，如果一切事物和现象都是瞬间即变的，那么万事万物都具有永恒不变的本性而又去接受生死，这样一来，事物和现象所具有的真正永恒不变的本性就不会处处存在了。所以我所说的永恒不变易，正是佛所说的真正瞬间即变的意思。凡夫俗子和外道愚昧无知，执着于错误的永恒不变，那些声闻、缘觉二乘人又把永恒不变说成是瞬间即变，总共形成了八种错误的见解，佛正是因为这个原因，才在《涅槃经》中破除他们的偏见，宣扬真正的永恒不变、真正的极乐、真正的自我本性、真正的纯洁清净。你现在是死抠经典文字而违背了经义，以有断灭为无常，以确定死板为常，错误理解佛的最精妙，最圆满终极说教，即使你把《涅槃经》阅读了一千遍，又有什么用处呢？"

【经文】

行昌忽然大悟，说偈曰："因守无常心，佛说有常性。[①] 不知方便者，[②] 犹春池拾砾。我今不施功，佛性而现前。非师相授与，我亦无所得。"

师曰："汝今彻也，宜名志彻。"彻谢而退。

【注释】

① 因守无常心，佛说有常性：这是对前面惠能所发议论的总结。由于凡夫和二乘人把常误认为是无常，把无常误认为是常，佛为了消除这说颠倒的认识，才分别讲说真常和真无常。

② 不知方便者：佛所说的常或者无常，都是针对一定的错误而灵活讲说，都不能执着。

【白话】

行昌听了这番话，忽然完全理解了，便说了一首偈："因为愚昧无知的人错误认识瞬间即变，根据这种情况，佛在《涅槃经》中讲永恒不变的本性。那些不懂佛灵活讲法以纠正错误的人的确十分愚昧，如同有人在池塘中捡到一块顽石误以为是宝。我现在不假任何功用，真正的佛性自然显现出来。这些并不是师父所能教会的，而我自己也一无所得。"惠能大师说："你现在已经彻悟了，就改名叫志彻吧。"志彻闻听之后，行礼拜谢而退出。

【经文】

有一童子名神会[①]，襄阳高氏子。年十三，自玉泉来参礼。师曰："知识远来艰辛，还将得本[②]来否？若有本则合识主，试说看。"会曰："以无住为本，见即是主。"师曰："这沙弥[③]争合取次[④]语？"会乃问曰："和尚坐禅还见不见？"师以拄杖打三下云："吾打汝痛不痛？"对曰："亦痛亦不痛。"师曰："吾亦见亦不见。"神会问："如何是亦见亦不见？"师云："吾之所见，常见自心过愆，不见他人是非好恶，是以亦见亦不见。汝言亦痛亦不痛如何？汝若不痛，同其木石；若痛则同凡夫，即起恚恨。汝向前见不见是二边，痛不痛是生灭。汝自性且不见，敢尔弄人！"

【注释】

① 神会：在早期禅宗史上，神会（686—760）是位重要人物。他早年学习《五经》、《老》、《庄》，出家后曾到韶州曹溪，随惠能学习。惠能死后，神会到北方，住在南阳龙兴寺。开元二十年（732）

左右，神会在滑台大云寺设无遮大会（僧俗均可参加的法会），指责神秀一派，为惠能一系争夺在禅宗诸派中的正统地位。神会经过十几年的斗争，并得到唐王朝的支持，使惠能南方禅学在京洛地区形成很大影响，由于他曾常住洛阳荷泽守，所以被称为“荷泽大师”。他著有《显宗记》等书。

② 本：这里的“本”暗指自我的本性。

③ 沙弥：梵文音译，指七岁以上，二十岁以下受过十戒的出家男子，也俗称“小和尚”。

④ 取次：有“草率”的意思。

【白话】

有一位少年名叫神会，襄阳人，俗姓高。十三岁时，他从玉泉寺神秀禅师那里来到曹溪，参见惠能大师。大师问他：“你长途跋涉来到这里，一定很辛苦，能够认识自己的本性吗？如果你认识了自己的本性，就认识了主人——佛性，你不妨说一下。”神会说：“把不执着于任何现象作为根本，这种认识就是主人。”惠能大师说：“你这个小沙弥怎么能如此轻率讲话呢？”神会便问：“大师坐禅时，有认识没有认识？”惠能大师用拐杖打神会三下，问：“我打你痛不痛？”神会说：“也感觉痛也感觉不痛。”惠能大师说：“我坐禅时，也有认识，也没有认识。”神会问：“什么是也有认识也没有认识呢？”惠能大师说：“我所时常认识的，是自己内心的过失，并不去认识别人的是非善恶，这就是也有认识也没有认识。你说也感觉痛也不感觉痛怎么样呢？如果你不感觉痛，那你就和木头瓦石一样，如果你感觉痛，那就又和凡夫俗子一样，因感觉痛苦而产生愤怒，憎恨的情感。你先前说的有认识和没有认识是走两个极端，是错误的观点，感觉痛和不感觉痛是表明还没有超脱生死而达到解脱。你尚且没有认识自己的本性，居然还敢耍贫嘴捉弄我！”

【经文】

神会礼拜悔谢。师又曰："汝若心迷不见，问善知识觅路；汝若心悟，即自见性，依法修行。汝自迷不见自心，却来问吾见与不见。吾见自知，岂代汝迷？汝若自见，亦不代吾迷，何不自知自见，乃问吾见与不见？"神会再礼百余拜，求谢过愆，服勤给侍，不离左右。

【白话】

神会向惠能大师承认错误，并且行礼致谢。惠能大师又说："如果你思想模糊不能认识自己的本性，就应该向道德高尚、学问精湛并且富有智慧的人请教，以期得到一条认识本性的道路。如果你认识清楚了，也就是认识自己的本性了，应该按照佛的教导修行。你现在自己迷惑，不能认识自己的本心，反而问我有认识没有认识。我有认识我自己明白，岂能消除你心中的疑难迷惑？如果你自己认识了本性，也不能代替我的迷惑，为什么不去自己认识自己的本性，反而来问我有认识还是没有认识？"神会向惠能大师礼拜了一百多次。虔诚地请求宽恕自己的过失，并致谢意。从此以后。神会始终不离惠能大师身边，尽心尽力服侍他。

【经文】

一日，师告众曰："吾有一物，无头无尾，无名无字，无背无面，诸人还识否？"神会出曰："是诸佛之本源，神会之佛性。"师曰："向汝道：无名无字，汝便唤作本源、佛性，汝向去有把茅盖头①，也只成个知解宗徒②。"祖师灭后，会入京洛，大弘曹溪顿教，著《显宗记》，盛行于世。

【注释】

① 有把茅盖头：“茅”指茅草。此句大意是：有个茅草庵栖身。

② 知解宗徒：指以学习和理解经典文字为修行的僧人。

【白话】

有一天，惠能大师告诉大家：“我有一件东西，没有头也没有尾，没有名也没有字，没有背面也没有正面，你们大家认识吗？”神会走出人群应声答道：“这是诸佛的本源，是神会本有的佛性。”惠能大师说：“我刚才已讲了没有名字，你还说什么本源、佛性等等名称，你以后就是割几把草盖个茅庵居住，再勤苦修行也只能是咬文嚼字的知解宗徒！”惠能大师逝世后，神会到唐朝京城洛阳地区，大力弘扬惠能的顿教理论。他曾著《显宗记》，宣传惠能的事迹和禅法，广泛流行于世。

【经文】

师见诸宗难问，咸起恶心，多集座下，愍而谓曰：“学道之人，一切善念恶念，应当尽除。无名可名，名于自性。无二之性，是名实性①。于实性上建立一切教门，言下便须自见。”诸人闻说，总皆作礼，请事为师。

【注释】

① 实性：佛教经典中的“实性”一词与真如、实相、法性、真性、涅槃、实际等概念的含义差不多。此处指自性，自我的本性。

【白话】

惠能大师看到，佛教诸派纷纷提出质问，大多不怀好意，就把这些人召集到座前，心怀慈念，对他们说：“学道的人，应该消除一切或善或恶的念头。这种无善无恶的心理境界，本来没有什么名称可用以称谓，就称作自己的本性吧。这种平等无差别的本性，就叫做实性。依据这种真实的本性建立一切教法，应该在听到这些理论后立刻自己认识自己的本性。”大家听了惠能的话，都行礼致敬，愿拜他为师。

宣诏第九

【经文】

神龙元年上元日，则天中宗诏云："朕请安、秀二师①，宫中供养。万机之暇，每究一乘②。二师推让云：'南方有能禅师，密受弘忍大师衣法，传佛心印，可请彼问。'今遣内侍薛简，驰诏迎请。愿师慈念，速赴上京。"师上表辞疾，愿终林麓。

【注释】

① 安、秀二师："秀"是神秀，"安"指嵩山慧安，《景德传灯录》卷四有传。他是弘忍的弟子，常住嵩山，曾受到武则天和唐中宗的重视。

② 一乘：指惟一成佛的教法。

【白话】

唐中宗神龙元年（705）正月十五日，太后武则天和唐中宗颁发诏书："朕曾经迎请嵩山慧安和玉泉寺神秀两位禅师入宫廷，虔诚供养。在日理万机之余，时时与两位禅师研究讨论佛法。两位禅师十分谦虚，力荐贤能，说：'南方韶州有位惠能禅师，曾秘密领受了弘忍大师的衣钵教法，传佛心印。可以向他请教，以释疑解难。'现在派遣宫中内侍薛简，带诏书前往迎请。希望禅师以慈悲为念，迅速随内侍薛简赶赴京城。"惠能大师接到诏书以后，呈上表章，以身有疾病谢辞，并表示愿意终老于山林之间。

【经文】

薛简曰："京城禅德[①]皆云：欲得会道，必须坐禅习定[②]，若不因禅定而得解脱[③]者，未之有也。未审师所说法如何？"师曰："道由心悟，岂在坐也？经云：若言如来若坐若卧，是行邪道。何故？无所从来，亦无所去，无生无灭，是如来清净禅[④]。诸法空寂，是如来清净坐，究竟无证，岂况坐耶！"

【注释】

① 禅德：有德行的禅师，可尊称禅僧。

② 坐禅习定：这里的"禅"和"定"是指传统传佛的禅定，不是惠能对禅定的新解释。

③ 解脱：一般指摆脱"烦恼"的束缚，达到脱离生死轮回的境界。广义说，摆脱世俗的一切束缚，在宗教精神上感到自由自在，都可以称为解脱。佛教各派对解脱有许多定义。

④ 如来清净禅：简称"如来禅"。《楞伽经》中所说的四种禅之一，是如来所得的禅定，据说得到这种禅定就是达到了最终解脱。后来禅僧对如来禅有两种理解，其一，把禅宗的教义称为如来禅，《禅源诸诠集都序》和《永嘉证道歌》等都是这样解释和使用的。其二，把禅宗的教义称为"祖师禅"，把禅宗以前的禅法贬称为"如来禅"，认为祖师禅高于如来禅。这种说法是后起的，据说是沩仰宗首先提出来的。此处的"如来清净禅"还是在第一种意义上使用。

【白话】

内侍薛简告诉惠能大师："京城地区的禅师大德都说，想要认识、理解和体验道，必须坐禅习定，如果不经过坐禅习定的修行实践，就不能达到解脱成佛。不知道大师所宣讲的教法是什么？"惠能大师说："道本是由自心来认识、理解和体验的，岂能由长久打坐来获得？佛经上说：'如果认为如来的意思就是如坐如卧，这是错误的见解’。什么原因呢？既没有所来之处，又没有可去之处，没有生成和毁灭，这就是如来的真正没有染污的禅境。一切现象的本质是虚空宁静，这就是如来的真正没有污染的清净打坐。最终的解脱、至高无上的禅境、最深奥的道理，是没有办法来证实审验的，更谈不上要以是否长久打坐的标准来衡量！”

【经文】

简曰：“弟子回京，主上必问，愿师慈悲，指示心要，传奏两宫，及京城学道者。譬如一灯然百千灯，冥者皆明，明明无尽。”师云：“道无明暗，明暗是代谢[①]之义，明明无尽，亦是有尽，相待立名故。《净名经》云：法无有比，无相待故。[②]”简曰：“明喻智慧，暗喻烦恼，修道之人，倘不以智慧照破烦恼，无始生死，凭何出离？”师曰：“烦恼即是菩提，无二无别。若以智慧照破烦恼者，此是二乘见解，羊鹿等机[③]。上智大根，悉不如是。”

【注释】

① 代谢：指新旧更替。

② 法无有比，无相待故：语出《维摩经·弟子品》。

③ 羊鹿等机：参见前文“三车”注。

【白话】

薛简说：“弟子返回京城以后，皇上一定要询问，希望大师以慈悲为怀，给我讲一下禅法的要点，以便我回去后能向皇太后和皇上汇报，并且向小城里的禅僧们宣传。这就好比一盏灯点燃了千百盏灯，使黑暗变成光明，使光明无穷无尽。”惠能大师说：“道本来没有什么光明与黑暗之分，明和暗是相互替代、相互转变的意思，光明无穷无尽，本身也是有穷尽的。因为，相对于光明才有黑暗，相对于黑暗才有光明，它们都是互为条件而依存的两个名称而已。所以《净名经》说：‘佛法是不能以比喻来说明的，因为没有与之相对的事物。’”薛简说：“光明比喻般若智慧，黑暗比喻错误思想，修道的人，如果不能以般若智慧的光明消除错误思想的黑暗，依仗什么脱离无始无终的生死轮回？”惠能大师说：“被称为烦恼的错误思想也就是被称为菩提的觉悟真理。它们本质相同，并不是两种东西。如果主张用般若智慧的光明消除错误思想的黑暗，这是声闻和缘觉两种人的观点，是《法华经》上讲的坐羊车和鹿车之人的认识水平。那些天资高有智慧的人，都没有持这种观点。”

【经文】

简曰：“如何是大乘见解①？”师曰：“明与无明②，凡夫见二，智者了达，其性无二。无二之性，即是实性。实性者，处凡愚而不灭，在贤圣而不增，住烦恼而不乱，居禅定而不寂，不断不常，不来不去，不在中间及其内外，不生不灭，性相如如，常住不迁，名之曰道。”

【注释】

① 如何是大乘见解：“大乘见解”即指惠能的教法。以下所讲的“实性”和“道”，都是讲自我的本性。请参见前注。

② 无明：梵文意译，可以泛指不懂佛教的愚昧无知。

【白话】

薛简问：“什么是大乘人的观点呢？”惠能大师回答：“智慧的光明与愚昧的黑暗，在凡夫俗子眼里是性质完全不同的两种，明智的人才能正确认识它们，知道它们在本质上没有区别。这种没有区别的平等一致的本质就是实性。这种真实的本性，处于愚迷凡夫的境地也不会消失，处于贤人圣哲的境地也不会有所增益，停留在错误的思想和不良的情绪之中也不会被扰乱，居住于精神专一静思冥想之中也不会空幻寂寥，既不会断绝也不会永恒不变，既没有所来之处也没有可去之处，既存在又没有存在的中间、内部或外部的方位，没有生成也没有毁灭，其现象和本质真实如一，永恒存在而没有变化，这就叫做道。”

【经文】

简曰："师说不生不灭，何异外道？"师曰："外道所说不生不灭者，将灭止生，以生显灭，灭犹不灭，生说不生。我说不生不灭者，本自无生，今亦不灭，所以不同外道。汝若欲知心要，但一切善恶都莫思量，自然得入清净心体，湛然常寂，妙用恒沙。"简蒙指教，豁然大悟，礼辞归阙，表奏师语。

【白话】

薛简说："大师刚才说的没有生成也没有毁灭，与佛教以外的派别所讲的内容有什么差别？"惠能大师说："外道所讲的没有生成也没有毁灭，是讲毁灭之后不再重新生成，是以生成来显示毁灭。毁灭等于没有毁灭，生成也可以说是没有生成。我所讲的没有生成也没有毁灭，是本来就没有生成，所以现在也无所谓毁灭。这是不同于外道理论的地方。如果你想懂得我的教理的精髓，只要你既不思考善，也不思考恶，自然就契合了本来清净的心体。湛然明净，永恒静寂，其妙不可言的功用如同恒河滩上的沙粒一样数不清。"薛简聆听教诲，豁然明白，向惠能大师行礼告辞返回京城，呈表章汇报惠能的说教。

【经文】

其年九月三日。有诏奖谕师曰："师辞老疾，为朕修道，国之福田。师若净名托疾毗耶，阐扬大乘，传诸佛心，谈不二法。薛简传师指授如来知见，朕积善余庆，宿种善根，值师出世，顿悟上乘，感荷师恩，顶戴无已。”并奉磨衲袈裟[①]及水晶钵。敕韶州刺史修饰寺宇，赐师旧居为国恩寺。

【注释】

① 磨衲袈裟：据说是高丽国贡献的僧衣。

【白话】

当年九月三日，朝廷下诏褒奖惠能大师："禅师以年老多病而辞谢召请，为朕修习佛道，为国家积累福报。禅师的所作所为如同维摩居士托疾居于毗耶城，弘扬大乘佛法，传授诸佛之心，宣讲平等不二的教法。薛简转呈了禅师教授的如来的智慧，朕修善积德多年才有这样值得庆幸的果报，这也是朕前生种下了善根，才会遇到禅师，使朕领悟至高无上的教理。联十分感激禅师的恩惠，敬仰不已。"朝廷还奉赠磨衲袈裟一件，水晶钵一具。敕令韶州刺史重新修葺装饰寺院的房屋，并赐惠能大师在新州的旧居为"国恩寺"。

付嘱第十

【经文】

师一日唤门人法海、志诚、法达、神会、智常、智通、志彻、志道、法珍、法如等，曰："汝等不同余人，吾灭度[1]后，各为一方师。吾今教汝说法，不失本宗。先须举三科[2]法门，动用三十六对，出没即离两边。说一切法，莫离自性。忽有人问汝法，出语尽双，皆取对法，来去相因，究竟二法[3]尽除，更无去处。

【注释】

① 灭度：即涅槃。指佛教全部修行所要达到的理想境界，进入没有生和死的境界。实际上，"灭度"往往是逝世的同义语。

② 三科：指五蕴、十二处和十八界，是佛教指导教诲学徒所分的三个科目，要求从这三个方面观察、认识、理解人本身及其面对的外部世界。其目的在于根据人们愚昧无知的各种情况，清除以自我为实有的错误观念，从而认识"无我"之理。《坛经》下面讲解"三科"，也是联系"自性"来谈了。

③ 二法：指生死、生灭、有无、染净、断常等相对的两方面，与"二相"的意思相同，请参见前注。

【白话】

有一天，惠能大师叫来自己最得意的十位弟子，有法海、志诚、法达、神会、智常、智通、志彻、志道、法珍和法如，对他们说："你们和我的其他弟子们不一样，在我逝世后，你们分别是教化一方的宗师。我现在要教导你们怎样宣讲教法，以免违背本派的宗旨。宣讲教法时先要列举三科法门，使用三十六对的方法，即要兼顾相对的两个方面，又同时脱离两个方面。讲说任何教义，都不要离开本性孤立地谈。如果忽然有人向你们请问教义，说话不要绝对，要出语成双，运用相对的方法，言来语去要有所照应，最后连相对的两方面也要完全消除，再没有什么可以执著的。

【经文】

“三科法门者，阴、界、入也。阴是五阴①，色、受、想、行、识是也。入是十二入②，外六尘，色、声、香、味、触、法；内六门，眼、耳、鼻、舌、身、意是也。界是十八界③，六尘、六门、六识④是也。自性能含万法，名含藏识⑤。若起思量，即是转识，生六识，出六门，见六尘。如是一十八界，皆从自性起用，自性若邪，起十八邪；自性若正，起十八正。若恶用即众生用，善用即佛用。用由何等？由自性有。

【注释】

① 阴是五阴：“阴”也作“蕴”。有积聚、类别的意思，是对处于相互联系、生灭变化中现象的分类。“五阴”就是色、受、想、行、识等五类现象。“色”大致相当于物质概念，包括四大（地、水、火、风）、由四大组成的感觉器官（眼耳鼻舌身）和感觉对象（色声香味触）等。“受”相当于“感受”，指痛痒苦乐等主观体验。“想”相当于摄取表象，形成语言概念的精神活动。“行”指决定和支配人的行为的主观目的、意志、心理趋向。“识”指一切认识活动赖以发生的精神主体。“五阴”中的“色阴”严格说来包含有精神现象的成分，但一般可以简单理解为指物质现象。“受想行识”四阴是指精神现象。狭义的五阴是指人，广义的五阴泛指一切物质和精神现象。

② 入是十二入：“入”也作“处”，指人的感觉、认识器官（眼耳鼻舌身意）与认识对象（色声香味触法）是产生精神现象的处

所。另外，由于感觉、认识器官能与认识对象相涉而入，所以也称“入”。

③ 界是十八界:“十八界”，以人的认识为依据，对世界一切现象所作的分类。广义的十八界可以泛指一切物质和精神现象，狭义的十八界可以指人，因为一个人身上即具有十八界。

④ 六尘、六门、六识:“六尘”也作“六境”，指眼耳鼻舌身意六识所感觉认识的六种对象，这是依据识体的作用不同而对认识对象的分类。如眼能见“色”，耳能听“声”，“鼻”能嗅“香”，“舌”能尝“味”，“身”能感“触”，意能知“法”等。后者是前者的认识对象。“六门”也作“六根”，即指眼、耳、鼻、舌、身、意。“六识”指六根对于“六境”能产生相应作用的眼识、耳识、鼻识、舌识、身识、意识。

⑤ 名含藏识：以下是吸收唯识宗的理论来论证“自性”生起“万法”的道理。唯识宗继承印度佛教瑜伽行派的学说，把“识”分为三类八种，最重要的是第八识，也称阿赖耶识。由于第六识中储存着（含藏）能够生成宇宙万有的精神性种子（潜在的能力），所以也叫“含藏识”或“藏识”。《坛经》把人的自我本心或本性等同于第八识，而论证一切事物和现象唯心所造，因性而起。

【白话】

“所谓三科法门，指的是阴、界、入。阴是五阴，即色、受、想、行、识。入是十二入，包括外六尘：色、声、香、味、触、法；内六门：眼睛、耳朵、鼻子、舌头、身体、意等六种感官。界是十八界，包括六尘、六门和六识。人自己的本性中蕴含着一切事物和现象，所以叫含藏识。如果自己有了思考、追求、分别的心理活动，就是转识，从而产生了眼识、耳识、鼻识、舌识、身识和意识这六种识，这六种识可以从相应的六个门中走出去，认识相应的对象（六尘），即色、声、香、味、触、法。所以十八界都是从自己的本性中产生的。如果自己的本性追求邪恶，那么就产生十八种错误的见解，如果自我的本性保持纯正，那么就产生十八种正确的见解。如果从自我本性中产生出邪恶，那就是众生的表现；如果产生了善，即是佛的表现，这些表现从什么地方来的？是从人的本性中产生出来的。

【经文】

"对法：外境、无情五对[①]：天与地对，日与月对，明与暗对，阴与阳对，水与火对。此是五对也。法相语言十二对[②]：语与法对[③]，有与无对[④]，有色与无色对，有相与无相对[⑤]，有漏与无漏对[⑥]，色与空对，动与静对，清与浊对，凡与圣对；僧与俗对，老与少对，大与小对，此是十二对也。自性起用十九对[⑦]：长与短对，邪与正对，痴与慧对，愚与智对，乱与定对，慈与毒对，戒与非对，直与曲对，实与虚对，险与平对，烦恼与菩提对，常与无常对，悲与害对，喜与瞋对，舍与吝对，进与退对，生与灭对，法身与色身对，化身与报身对，此是十九对也。"

【注释】

① 外境、无情五对："对境"，属于外在的认识对象；"无情"，没有情识的事物；即没有精神活动的外部事物有五个对子。

② 法相语言十二对："法相"可以泛指事物的相状、性质、名词、概念及其含义等，既包括一切有生灭变化的现象，也包括永恒的无生灭变化的现象。在法相和语言方面有十二个对子。

③ 语与法对：此句可以有两种解释，其一，指语言和一切事物或现象；其二，指语言和佛教的教法。

④ 有与无对："有"大体是"存在"的意思，佛教各派对"有"的解释区别很大。"无"是相对于"有"而言，是对"有"的否定。但是，佛教使用"无"并不一定表达"不存在"的意思，往往是针对

“假有”（虚假的存在）而表达“真实存在”的意思。

⑤ 有相与无相对：“有相”泛指一切可见可知的事物，一般被认为是虚幻不实的；“无相”与“有相”相对，指摆脱世俗的有相认识之后所获得的实相，即佛教的“真理”性认识。

⑥ 有漏与无漏对：“漏”是梵文Âsrava的意译，是“烦恼”的异名，指由于众生作业而受果报，只能留在三界，不能摆脱生死轮回。“无漏”则指摆脱了生死轮回，与涅槃、菩提、成佛等有相同的含义。

⑦ 自性起用十九对：从“自性”上产生的“作用”,或“自性”的表现，有十九个对子。

【白话】

“相对的事物：属于没有情识的外部事物或现象有五对：即天与地相对，日与月相对，光明与黑暗相对，阴与阳相对，水与火相对，这就是五对。在事物的性质、相状和语言方面有十二对：语言和现象相对，有与无相对，有色与无色相对，有相与无相相对，有漏与无漏相对，色与空相对，动与静相对，清与浊相对，凡与圣相对，僧与俗相对，老与少相对，大与小相对，这是十二对。从自我本性上产生的现象有十九对：长与短相对，邪与正相对，无知与慧相对，愚昧与智相对，乱与定相对，慈心与害人之心相对，戒与非相对，直与曲相对，实与虚相对，险与平相对，烦恼与菩提相对，永恒不变与瞬间即变相对，怜悯与伤害相对，欢喜与愤怒相对，施舍与吝啬相对，进取与退缩相对，生成与毁灭相对，法身与色身相对，化身与报身相对。这是十九对。”

【经文】

师言：“此三十六对法[①]，若解用，即通贯一切经法，出入即离两边。自性动用，共人言语，外于相离相，内于空离空。若全著相，即长邪见；若全执空，即长无明。执空之人有谤经，直言‘不用文字’。既云‘不用文字’，人亦不合语言，只此语言，便是文字之相。又云：‘直道不立文字[②]，即此‘不立’两字，亦是文字。见人所说，便即谤他言著文字。汝等须知：自迷犹可，又谤佛经。不要谤经，罪障无数。

【注释】

① 此三十六对法：《坛经》中这三十六个对子的分类方法在传统佛教经典中是没有的。为什么要分为“外境无情”、“法相语言”和“自性起用”这三大类，也有不同解释。《坛经》讲“三十六对”，主要是指导禅师灵活宣讲教义，对一切事物和现象都不要执着。

② 直道不立文字：“直道”即指正确的教法，可以理解为禅宗明心见性的修行教义。此句大意是：按照禅宗明心见性的教义修行，直接成就佛道，不必凭借语言文字。禅宗在产生之初，贬抑传统经典，轻蔑文字语言，摒弃知性思维，强调直观体验。禅宗四祖道信提出“莫读经，莫共人语”，惠能提出“本性自有般若之智，自用智慧观照，不假文字”，怀让提出“说似一物即不中”，等等，都表明了初期禅宗对待经典文字的基本态度。宋代以后，禅教的融合成为潮流，禅僧们逐渐改变了早期禅宗对待经典文字的那种极端态度。这里大张旗鼓地反对“直道不立文字”，正是后期禅宗的基本主张。禅宗从贬抑传统佛教的经典，又转向了重视传统佛教经典。这种倾向在宗宝本《坛经》中表现得尤为突出。

【白话】

惠能大师说：“这是三十六对的教法，如果掌握它们的功用，就能通贯佛经上讲的一切教义，出于彼而入于此，两边相因而又随即离开两边，对于两边都没有偏执。本性依据情况而有所表现，与人交谈时，对外要能接触一切现象而又脱离一切现象，对内要能接触空虚境界而又脱离空虚。如果迷恋于外部现象，就会产生错误的见解；如果迷恋于内在的虚空体验，就会愚昧无知。迷恋于虚空体验的人会诽谤佛教经典，甚至直接说一切皆空，根本不需要文字。既然不需要文字，那人们也就用不着使用语言了，因为语言两字也是可见有形的文字。又说直道可以‘不立’文字，即这‘不立’两字，也属于文字。看到别人有所讲述，便攻击人家执着于文字，你们应该知道：自己愚昧还说得过去，竟然又诽谤佛教经典。千万不要诽谤佛教经典，诽谤经典有碍于修道，其罪过多得无法计算。

【经文】

“若著相于外，而作法求真，或广立道场，说有无之过患，如是之人，累劫不得见性。但听依法修行，又莫百物不思，而于道性窒碍。若听说不修，令人反生邪念。但依法修行，无住相法施。汝等若悟，依此说，依此用，依此行，依此作，即不失本宗。若有人问汝义，问有将无对，问无将有对，问凡以圣对，问圣以凡对，二道[①]相因，生中道[②]义。如一问一对，余问一依此作，即不失理也。设有人问：‘何名为暗？’答云：‘明是因，暗是缘，明没即暗，以明显暗，以暗显明，来去相因，成中道义。’余问悉皆如此。汝等于后传法，依此转相教授，勿失宗旨。”

【注释】

① 二道：此处即指相对的两个方面，即“无”与“有”，“凡”与“圣”，等等。

② 中道：即脱离相对的两个极端、不偏不倚的道路、方法、观点和认识等。佛教各派对“中道”的内容有不同解释，但都把它作为佛教的终极真理。这里把“二道相因”的回答方式即视为“中道”。

【白话】

“如果执着于外在有形可见的事物或现象，而且把广做法事作为追求佛道的手段，或者到处建立法坛道场，大作功德佛事，或者谈论或有或无的得失，像这样的人，永远不能正确认识自己的本性。只要依照我所讲的教法修行，切不要百物不思，有碍于明见本心佛性。如果只是听一听教法，并不去真正修行实践，反而会产生错误的思想。因此必须依照教法修行，宣讲‘无住相’的教义。你们如果能够理解这些教义，依照这些教义去宣讲去运用，去修行去实践，就不会违背本派的宗旨。如果有人来请教本派教理，如果他问‘有’就以‘无’来回答；问‘无’以‘有’来回答；问‘凡’以‘圣’来回答；问‘圣’以‘凡’回答。以相对的两个方面来相因相循，真正不执着于两个方面的真理就显示出来了。像这样一问一答，其它问题都可以按照这种方法迎刃而解，这样就不会背离真理。如果有人问：‘什么叫黑暗？’就应该回答：‘光明和黑暗相互转化，互为条件，光明消失了就是黑暗，以光明来显示黑暗，以黑暗来显示光明。这样彼来此去相互照应，佛法的真理就蕴含于其中。’其它的问话都可以按照这种办法来回答。你们以后作为一方宗师向人们传授教法时，就要依据这种办法来进行传授，不要丢掉本派的宗旨。”

【经文】

师于太极元年壬子延和七月[①]，命门人往新州国恩寺建塔，仍令促工。次年夏末落成。七月一日，集徒众曰：“吾至八月欲离世间，汝等有疑，早须相问，为汝破疑，令汝迷尽。吾若去后，无人教汝。”法海等闻，悉皆涕泣，惟有神会神情不动，亦无涕泣。师云：“神会小师[②]，却得善不善等[③]，毁誉不动，哀乐不生。余者不得，数年山中，竟修何道？汝今悲泣，为忧阿谁[④]？若忧吾不知去处，吾自知去处。吾若不知去处，终不预报于汝。汝等悲泣，盖为不知吾去处。若知吾去处，即不合悲泣。法性本无生灭去来⑤。汝等尽坐，吾与汝说一偈，名曰《真假动静偈》。汝等诵取此偈，与吾意同，依此修行，不失宗旨。”

【注释】

①太极元年壬子延和七月：公元712年，此年唐睿宗改元太极元年，五月又改元延和元年，唐玄宗即位后，又于当年八月改元先天元年。

②小师：一般把受具足戒未满十年者称为小师。

③得善不善等：指对善和不善不作区别，同等看待。从主观上不区分善恶，从思想上超越一切差别对立，是禅宗强调的一个重点。

④阿谁：即“何人”。

⑤法性本无生灭去来：表面上讲一切事物和现象的本性没有生成也没有毁灭，没有来去的变化，实际上是强调人的生死无别。

【白话】

唐睿宗延和元年七月，惠能大师吩咐弟子到新州国恩寺建造舍利塔，并且督促尽早竣工。第二年夏末，塔已落成。七月一日，惠能大师召集弟子说：“我打算在八月份离开人世间，各位如果还有什么疑难问题，尽早提出来，我为你们释疑解难，消除你们的迷惑。如果我离开人世间之后，就再也没有人能指导教诲你们了。”听了这番话，法海等弟子都十分悲痛，涕泪交流，只有神会一个人不动声色，没有悲哀哭泣。惠能大师说：“神会小师父却能够平等无差别地对待善和不善，在生死荣辱面前无动于心，达到了没有悲哀也没有欢乐的境界，其他人都没有达到这种境界，不知道你们这些人在山中修行多年，到底都修的是什么道？你们现在悲哀哭泣，是为谁而忧伤？如果是担忧我离开人世后不知去往何方，我自己是知道我要往哪里去的。如果我不知道我要往哪里去，就不会预先告知你们我要离去了。你们听我说将要离开人世间就悲哀哭泣，完全是因为你们不知道我要往哪里去。如果你们知道了我离开人世间后所要去的地方，就不应该这样悲哀哭泣了。一切事物和现象的本性原本没有生成和毁灭，也没有来与去的变化。人在本质上也是无生无死，无来无去。你们都请坐下，我给你们说一首偈，名叫《真假动静偈》，你们诵念这首偈，就和我的心意完全相同，按照这首偈所讲的修行，就不会失掉本派的宗旨。”

【经文】

众僧作礼，请师说偈，偈曰：“一切无有真，不以见于真[①]。若见于真者，是见尽非真。若能自有真，离假即心真[②]。自心不离假，无真何处真？有情即解动，无情即不动。若修不动行[③]，同无情不动。若觅真不动，动上有不动。不动是不动[④]，无情无佛种。能善分别相[⑤]，第一义不动。但作如此见，即是真如用[⑥]。报诸学道人，努力须用意。莫于大乘门[⑦]，却执生死智。若言下相应，即共论佛义。若实不相应，合掌令欢喜。此宗本无诤，诤即失道义。执逆诤法门，自性入生死。”

时徒众闻说偈已，普皆作礼，并体师意。

各各摄心，依法修行，更不敢诤。

【注释】

① 一切无有真，不以见于真：“一切”指一切事物和现象。一切事物和现象都是虚幻不真实的，不要误认为它们是真实的。

② 离假即心真：脱离一切虚假的现象也就是自我本心的真实。

③ 若修不动行：这里的“不动”是指修习长坐不卧的禅定。

④ 不动是不动：前一个“不动”代指“无情”，即土石草木类的

无情之物的确静止不动。

⑤ 能善分别相：指能够正确观察、认识和理解万事万物，这里具体是指能正确认识“动”与“不动”的各种关系。

⑥ 即是真如用：这就是真如本性的表现。

⑦ 大乘门：此处即指禅宗教义。

【白话】

众位僧人向惠能大师行礼致敬，请他说偈。《真假动静偈》说：“一切事物和现象都虚假而不真实，不要产生错误的认识，把这些虚假的东西当真实的。如果认为这些事物和现象都是真实的，那么这种见解本身就是虚假不真实的。如果能够认识自己先天具有的本性就是真实，那么就离开了一切假象，就获得了自己本心的真实，真实是在离开虚假中体现出来的。如果自己的心没有脱离这一切假象，那么在假象中如何能找到真实？有情识的众生自然理解动，只有没有情识的草木瓦石之类才不动。如果属于有情众生之列的人偏要修行长静不动的功夫，与草木瓦石的不动就一样了。如果要寻找真正的自我本性和本心的不动，在活动中自有其不动的本性。无情众生的确不动，但同时它们又没有成佛的内在本性。如果能正确区分这些不同之点，就是坚持佛教的真理而真正不动摇。只要持有这种观点，就显示出真如本性的作用。我要告诉诸位修道人，必须诚心诚意努力修道。你们不要在修行大乘教法的时候，仍然对生死有偏执。如果在彼此谈论中言语相投、心意相合，就要共同研讨佛教的义理。如果在彼此的谈话中言语不合，也不要视若寇仇，应该合掌行礼以使对方欢喜。在我们的教派之中本不应该有争论，互相争论本身就于道相违。如果固执己见争论不休，自性也就进入了生死轮回。”当时，弟子们听了这首偈，都恭敬行礼，理解了惠能大师这首偈的意思，每个人都平息了浮躁不宁的心绪，按照这首偈所讲的来修行，不敢再争论是非曲直。

【经文】

乃知大师不久住世，法海上座再拜问曰："和尚入灭之后，衣法当付何人？"师曰："吾于大梵寺说法，以至于今；抄录流行，目曰《法宝坛经》，汝等守护，递相传授，度诸群生。但依此说，是名正法。今为汝等说法，不付其衣，盖为汝等信根淳熟，决定无疑，堪任大事。然据先祖达磨大师付授偈意，衣不合传，偈曰：

吾本来兹土，
传法救迷情。
一华开五叶[①]，
结果自然成。"

【注释】

① 一华开五叶：这是一句谶语。唐末五代时期，从青原行思一系之下形成了曹洞、云门和法眼三个宗派；从南岳怀让一系之下形成沩仰、临济两个宗派，被称为禅宗五家，"五叶"即指这五个宗派。另有一种解释，认为"五叶"是指菩提达摩以下的禅宗二祖慧可、三祖僧璨、四祖道信、五祖弘忍、六祖惠能这五位祖师。《坛经》中出现的诸如此类的谶语，都表示这些内容是后来加上去的。

【白话】

大家都知道惠能大师在人世间呆不长了，于是法海上座再次叩拜，问："师父逝世之后，袈裟教法传给谁呢？"惠能大师说："我从大梵寺开始宣讲教义一直到现在，所宣讲的内容已经被抄录下来，流传于世间，称为《法宝坛经》。你们应该维护它，按照它所讲的修行，并且传播教授，拯救芸芸众生脱离生死轮回的苦海。只要依照这些教法修行，就可以称作正法。现在我只为你们宣讲教法，并不传袈裟，因为你们已经有了坚定的信仰，对我所宣讲的一切毫不怀疑，有能力担当弘教传法的重任。另外，根据先代祖师达磨大师留下的偈颂来看，袈裟也不应该再传下去了。达磨大师的偈说：我从天竺来到中国的本意，是为了传播教法以驱除人们的愚迷之情，拯救他们脱离生死苦海。以后从我传的这一派中衍生出五个支派，都会自然兴盛起来。"

【经文】

师复曰："诸善知识，汝等各各净心，听吾说法，若欲成就种智①，须达一相三昧，一行三昧②。若于一切处而不住相，于彼相中不生憎爱、亦无取舍，不念利益成坏等事，安闲恬静，虚融澹泊，此名一相三昧。若于一切处，行住坐卧，纯一直心，不动道场，真成净土，此名一行三昧。若人具二三昧，如地有种，含藏长养，成熟其实。一相、一行，亦复如是。我今说法，犹如时雨，普润大地。汝等佛性，譬诸种子，遇兹沾洽。悉得发生。承吾旨者，决获菩提，依吾行者，定证妙果。听吾偈曰：

心地含诸种，
普雨悉皆萌。
顿悟华情已，
菩提果自成。"

【注释】

① 种智：即"一切种智"，指佛的智慧，达到无所不知的认识。有时特指用佛教义理对具体现象个性的认识。此处是在前一种意义上使用的。

② 一相三昧，一行三昧：一相三昧即一行三昧，两者并无区别。《坛经》此处把一相三昧和一行三昧分开来讲。"一相三昧"是讲主观上对一切现象没有偏执，"一行三昧"是讲无论或行或坐时，都

应保持这种心态。前者是从不执着于“相”上讲，后者是从不执著于修禅时的身体姿势讲，其意义并无大的区别，请参见前“一行三昧”注。

【白话】

惠能大师又说：“诸位善知识，请你们各自排除杂念，使自己的内心宁静清净，听我给你们宣讲教法。如果想要获得一切智慧，必须要通达一相三昧和一行三昧。如果不迷恋偏爱一切可见有形的现象，对于那些事物和现象没有厌恶和爱恋之情，没有贪取和摒弃之念，不计较利益得失，等等。心中无牵无挂，安闲适意，虚怀若谷，宁静澹泊。这就叫一相三昧。如果在任何地方，无论行住坐卧，都保持着没有偏执的心态，不必在行道之处有什么举动，就已使那里真正成了极乐净土。这就叫一行三昧。如果人们具有这一相三昧和一行三昧，就像埋藏在土地里的种子一样，逐渐生长起来，结出果实。通过一相三昧和一行三昧达到解脱的道理也是这样。我现在宣讲教法，也如同天上普降及时雨一般，滋润了大地，你们诸位本来具有的佛性，就如同地里的种子，遇到这种久旱后的甘霖，会萌芽生长起来。继承我的教法宗旨的人，毫无疑问能够获得觉悟。按照我的教诲修行的人，一定会获得真正的佛果。请听我的偈：

本心的土地上埋藏着各种各样的种子，遇到教法的甘霖一定会萌芽生长，通过顿悟获得了般若智慧，自然结出觉悟成佛的果实。”

【经文】

师说偈已，曰：“其法无二①，其心亦然，其道清净，亦无诸相。汝等慎勿观静②，及空其心③。此心本净，无可取舍。各自努力，随缘好去。”尔时徒众作礼而退。

【注释】

① 其法无二："法"在这里指禅宗的教义。

② 观静：指在修禅中观想（思考）宁静的境界，追求从主观上排除了世俗间的纷乱之后的境界。

③ 空其心：在这里所表达的含义与"观静"是相同的。

【白话】

惠能大师说完偈之后，又对大家说："教法并没有两种，人的本心也是这样。人的本性是清洁没有污染的，也没有各种可见的形体。你们千万要谨慎不要去观察、思考和追求那种静的境界，不要追求虚妄空寂体验。人心原本净洁，没有可以获取的，也没有可以舍去的，你们要各自努力，根据各人不同的境遇而行事。"这时，弟子们都行礼致敬，然后退出。

【经文】

大师七月八日，忽谓门人曰："吾欲归新州，汝等速理舟楫。"大众哀留甚坚。师曰："诸佛出现，犹示涅槃，有来必去，理亦常然。吾此形骸，归必有所。"众曰："师从此去，早晚可回。"师曰："叶落归根，来时无口①。"又问曰："正法眼藏②，传付何人？"师曰："有道者得，无心者通。"又问："后莫有难否？"师曰："吾灭后五六年，当有一人，来取吾首。听吾记③曰：

头上养亲，口里须餐，

遇满之难，杨柳为官。④"

【注释】

① 来时无口："无口"即没有讲什么话。禅宗主张以心传心，强调自证自悟，佛也是以无言传教。此处的"来时无口"即指惠能一生等于什么也没有说。

②正法眼藏：也称为“清净法眼”，指释迦牟尼所传的“涅槃妙心”，也就是禅宗“以心传心”的“心”。也可以指禅宗的教义。此处的“正法眼藏”兼有这两重含义。

③记：悬记，即谶语。

④头上养亲，口里须餐，遇满之难，杨柳为官：禅宗史书曾记述了这个悬记应验的故事。开元十年，新罗国僧人金大悲想取惠能的头回国供养，就雇用一个名叫张净满的人去偷盗。张净满是个孝子，受雇盗惠能的头也是为了糊口。在当年八月三日深夜，张净满盗头未成，被官府捉拿归案。当时曾过问此案的州刺史名叫柳无忝，县令名叫杨侃。这个故事正好附会了四句谶语。或者说，有了这个故事后才有了这四句谶语。

【白话】

七月八日，惠能大师忽然对弟子们说：“我想返归新州，你们快给我准备船只。”弟子们十分悲哀，执意挽留。惠能大师说：“诸佛为拯救世人来到人世间，尚且要显示涅槃，离开人世，有来就有去，这是必然之理。我这具血肉身躯也应该有归藏之处。”大家说：“大师从此离去，早晚回来。”惠能大师说：“叶落归根，即便我初来之时也没有讲什么法。”弟子中有人又问道：“大师真正的教法传授给谁了？”惠能大师说：“真正修道的人自然会得到，毫无执着之心的人自然会通达理解。”弟子中有人又问：“将来会有什么灾难吗？”惠能大师说：“我逝世后五六年，会有人来偷取我的脑袋，请听我的预言：来偷取我的脑袋的人也是因为生活所迫，为了解决衣食问题，在我遇到有‘满’字的劫难时，那时当官的姓杨和柳。”

【经文】

又云：“吾去七十年，有二菩萨从东方来，一出家，一在家，同时兴化[1]，建立吾宗，缔缉伽蓝，昌隆法嗣。”

【注释】

①吾去七十年，……同时兴化：这也是一个悬记（预言）。这两个菩萨指谁，有许多不同说法。禅宗人士始终没有找出表明这个悬记应验的最好的事例。胡适认为两个悬记是《曹溪大师别传》的作者（姓名已无考）伪造的。

【白话】

惠能大师又说：“我逝世七十年后，有两位菩萨从东方来。一位是出家的僧人，一位是在家居士。他们同时弘教传法，建立宗派，修建寺院，使更多的人承袭我的教法。”

【经文】

问曰：“未知从上佛祖，应现已来传授几代？愿垂开示。”师云：“古佛应世，已无数量，不可计也。今以七佛为始。过去庄严劫[1]，毗婆尸佛[2]，尸弃佛[3]，毗舍浮佛[4]。今贤劫[5]，拘留孙佛[6]，拘那含牟尼佛[7]，迦叶佛[8]，释迦文佛[9]，是为七佛[10]。”

【注释】

①过去庄严劫：佛教神话讲，在过去很长久的一段时间，有一千位佛相继出现在世上，庄严净化这一时代，所以叫“庄严劫”。

②毗婆尸佛：佛教经典上记载，此佛是过去庄严劫中的第九百九十八位佛，据说这个佛出现时，世人的寿命有八万岁。

③尸弃佛：佛教经典上说，此佛是过去庄严劫中的第九百九十九位佛，据说此佛出现时，世人的寿命有七万岁。

④毗舍浮佛：过去庄严劫的第一千位佛，据说此佛出现时，世人的寿命有六万岁。

⑤ 今贤劫：佛教神话说，由于在这一长久的时期内多贤人，所以叫贤劫，据说在贤劫之中也有一千位佛。“今贤劫”即指“现在之劫”。

⑥ 拘留孙佛：据说是现在贤劫的第一位佛，此佛出现时，人寿有四万岁。

⑦ 拘耶含牟尼佛：据说是贤劫中的第二位佛，此佛出现时人寿有三万岁。

⑧ 迦叶佛：据说是贤劫中的第三位佛，此佛出现时世人寿命为二万岁。

⑨ 释迦文佛：即指释迦牟尼，见前注。

⑩ 七佛：以上所讲的七佛，在印度部派佛教时就产生了。较早的佛教经典，如《阿含经》中都有记载。以后的佛教各派都接受了这些神话。

【白话】

弟子中有人又问：“我们不知道从佛祖开始传授佛法到现在，总共有多少代了，请大师给我们讲一下。”惠能大师说：“从远古的佛来到人世传法，其数量已经无法计算了。现在以七佛为开端来说吧。在过去的庄严劫中，有毗婆尸佛、尸弃佛和毗舍浮佛。在现在的贤劫中，有拘留孙佛、拘那含牟尼佛、迦叶佛、释迦文佛，这就是七佛。

【经文】

“已上七佛。今以释迦文佛首传。第一摩诃迦叶尊者，第二阿难尊者，第三商那和修尊者，第四扰波毱多尊者，第五提多迦尊者，第六弥遮迦尊者，第七婆须密多尊者，第八佛驮难提尊者，第九伏驮密多尊者，第十胁尊者，十一富那夜奢尊者，十二马鸣大士，十三迦毗摩罗尊者，十四龙树大士，十五迦那提婆尊者，十六罗睺罗多尊者，十七僧伽难提尊者，十八伽耶舍多尊者，十九鸠摩罗多尊者，二十阇耶多尊者，二十一婆修盘头尊者，二十二摩拏罗尊者，二十三鹤勒那尊者，二十四师子尊者，二十五婆舍斯多尊者，二十六不如密多尊者，二十七般若多罗尊者，二十八菩提达磨尊者①，二十九慧可大师②，三十僧璨大师③，三十一道信大师④，三十二弘忍大师。惠能是为三十三祖。从上诸祖，各有禀承。汝等向后，递代相传，毋令乖误。”

【注释】

①……二十八菩提达磨尊者：以上是禅宗西天二十八祖的传承系谱。禅宗创立后不久，为了证明他们的理论一脉相承，传自佛祖，禅僧们吸收《付法藏因缘传》等佛教经书的传法之说，编排禅宗的传法系统。从中唐经五代直到北宋初年，云门派僧人契嵩继承前代禅僧的说法，又经过“力探藏经”的“考证”，撰成《传法正宗记》、《传法正宗论》和《传法正宗定祖图》，最后厘定了禅宗的“西天四七”传法系统，成为禅门定论。在此之前，禅宗典籍中记述的禅宗印度传承系谱相互不同，遭到天台宗僧人的攻击。《坛经》各版本记载的二十八祖名字也互有出入。总的说来，这二十八祖的名字都可以在佛教典籍中找到根据，但是，禅宗僧人不顾他们生活的年代，毫无根据地把他们编排成单丝孤线的传承系统，则只有宗教意义而没有历史的意义。以上的各祖师没有必要一一注出。

② 二十九慧可大师：慧可（487—593）被尊为禅宗“东土二祖”。洛阳武牢（今河南洛阳东）人。他少年时代为儒生，博览群书，通达老庄易学。出家之后，他潜心研究佛教经典，三十多岁就在洛阳一带享有盛名。四十岁时，他在嵩山遇到菩提达摩，随之习禅六年。菩提达摩逝世后，他在洛阳一带讲学。由于他立说新颖，听讲的人很多，有“言满天下”之誉。天平初年（约534年以后），他到东魏的邺都（今河南安阳北）大弘禅法。由于受到其它派别僧

人的迫害，他晚年隐居于舒州皖公山（今安徽潜山县），曾传法于僧璨。慧可对菩提达摩的思想有所发展。他认为无明与智慧并没有本质的区别，众生与佛在本质上也是平等无差别的，解脱与否完全系于个人的迷悟之间。这些思想对以后禅宗理论的形成都有影响。但他当时奉行头陀行，过着游方生活，尚未建立稳固的传法基地。虽然他后来被尊为禅宗二祖，但中国的禅宗是在道信弘忍时期才最后形成。

③ 三十僧璨大师：关于僧璨（？—606）的事迹所知甚少。他是否从慧可学习也有问题。他晚年曾隐居罗浮山。后被尊为禅宗三祖。唐玄宗赐谥“鉴智禅师”。

④ 三十一道信大师：道信（580—651）俗姓司马，河内（治所在今河南沁阳）人。少年出家后，曾随僧璨习禅。隋大业（605—618）年间，曾在吉州（治所在今江西吉安）弘禅，后到蕲州黄梅（今湖北黄梅西北）破头山传法。据说唐太宗曾四次诏他入京，他都拒绝了。他教导弟子白天从事劳动，晚上勤于坐禅修习，这种农禅作风对后世禅宗影响很大。他曾作《入道安心要方便法门》。他的著名弟子有弘忍、法融等。唐代宗赐谥号“大医禅师”。他后来被尊为禅宗四祖。

【白话】

“以上是七佛。现在以释迦牟尼佛为首传。他所传的第一代祖师是摩诃迦叶尊者，第二祖是阿难尊者，第三祖是商那和修尊者，第四祖是优婆毱多尊者，第五祖是提多迦尊者，第六祖是弥遮迦尊者，第七祖是婆须密多尊者，第八祖是佛驮难提尊者，第九祖是伏驮密多尊者，第十祖是胁尊者，十一祖是富那夜奢尊者，十二祖是马鸣大士，十三祖是迦毗摩罗尊者，十四祖是龙树大士，十五祖是迦那提婆尊者，十六祖是罗睺罗多尊者，十七祖是僧伽难提尊者，十八祖是伽耶舍多尊者，十九祖是鸠摩罗多尊者，二十祖是阇耶多尊者，二十一祖是婆修盘头尊者，二十二祖是摩拏罗尊者，二十三祖是鹤勒那尊者，二十四祖是师子尊者，二十五祖是婆舍斯多尊者，二十六祖是不如密多尊者，二十七祖是般若多罗尊者，二十八祖是菩提达磨尊者，二十九祖是慧可大师，三十祖是僧璨大师，三十一祖是道信大师，三十二祖是弘忍大师，惠能是第三十三祖大师。以上诸位祖师，各有师徒相承关系。你们将来也要代代相传，不要使佛法中断失传。"

【经文】

大师先天二年[①]癸丑岁，八月初三日，于国恩寺斋罢，谓诸徒众曰："汝等各依位坐，吾与汝别。"法海白言："和尚留何教法，令后代迷人得见佛性？"师言："汝等谛听，后代迷人，若识众生[②]，即是佛性；若不识众生，万劫觅佛难逢。吾今教汝，识自心众生，见自心佛性。欲求见佛，但识众生。只为众生迷佛，非是佛迷众生。自性若悟，众生是佛；自性若迷，佛是众生；自性平等，众生是佛；自性邪险，佛是众生。汝等心若险曲，即佛在众生中；一念平直，即是众生成佛。我心自有佛，自佛是真佛，自若无佛心，何处求真佛？汝等自心是佛，更莫狐疑。外无一物而能建立，皆是本心生万种法。故经云：心生种种法生，心灭种种法灭。[③]"

【注释】

①先天二年：唐玄宗先天二年（713），此年十二月改元开元。

②众生：以下所讲的"众生"是所谓"自心众生"，即指人的错误思想和不良情绪。

③故经云：心生种种法生，心灭种种法灭：《楞伽经》、《大乘起信论》中均有这类句子。其大意是：由于人们不懂佛教而愚昧无知，

心生妄念，从而形成了外在的一切现象；当人们具有了佛教的正确认识，没有妄念，本心清净，也就不会形成外在的一切现象。

【白话】

唐玄宗先天二年（713）八月初三，惠能大师在新州国恩寺用完斋饭后，对弟子们说："请你们按次序入座，我要和各位告别了。"法海对惠能大师说："师父要留下什么教法，让后代愚迷之人能够自己认识佛性？"惠能大师说："你们注意听。后代那些愚迷的人。如果能够正确认识众生，也就认识了佛性；如果他们不认识众生，就是经过一万劫的时间，也找不到佛的踪迹。我现在教导你们，要认识自己心中的众生，认识自己心中的佛性。想要认识佛，只要认识众生就行了。只是因为众生不认识佛，并不是佛不认识众生。如果认识，理解和体验了自我的本性，那么众生就是佛；如果不能正确认识自我的本性，那么佛就是众生。如果从自我的本性中产生平等无差别的认识，那么众生就是佛；如果从自我本性中产生邪念，佛就是众生。你们如果心怀恶念，就等于佛成了众生；你们如果有一个念头，平等无偏执，便是众生成了佛。自我的心中本来就有佛，自心中的佛才是真正的佛。自己如果心中没有佛念，又到哪里去寻找真佛？你们自己的本心就是佛，再不要有所怀疑。在自身之外，没有一样东西值得追求，因为外在的一切事物和现象都从自我的本心之中产生。所以经文上说：'心生种种法生，心灭种种法灭。'"

【经文】

"吾今留一偈，与汝等别，名《自性真佛偈》，后代之人，识此偈意，自见本心①，自成佛道②。偈曰：

真如自性是真佛，

邪见三毒是魔王。

邪迷之时魔在舍，
正见之时佛在堂。
性中邪见三毒生，
即是魔王来住舍。
正见自除三毒心，
魔变成佛真无假。
法身报身及化身，
三身本来是一身。
若向性中能自见，
即是成佛菩提因。
本从化身生净性，
净性常在化身中。
性使化身行正道，
当来圆满真无穷。
淫性本是净性因，
除淫即是净性身。
性中各自离五欲，
见性刹那即是真。
今生若遇顿教门，
忽悟自性见世尊。
若欲修行觅作佛，
不知何处拟求真。
若能心中自见真，
有真即是成佛因。
不见自性外觅佛，
起心总是大痴人。
顿教法门今已留，

救度世人须自修。

报汝当来学道者，

不作此见大悠悠。”

【注释】

① 自见本心：前面已经说过，《坛经》所讲的“本心”与“本性”的意思没有区别。《坛经》中所讲的“本心”或“本性”有四个明显特征。其一，它具有本体论的意义。“心”是永恒的最高的精神存在，既是人之“心”，又是宇宙之“心”。世间的一切事物和现象都是“心”所派生的。这就是“心含万法”，以及把“心”称为“含藏识”的原因。其二，它具有伦理学的意义。“心”和“性”既不同于世俗间的善恶是非等道德规范，又不能离开世俗间的善恶是非等道德规范，相对于世俗道德规范说来，它既非善又非恶，这种善恶无别的“心”的显现，即是修行者所追求的理想境界。其三，心具有泯灭两极对立的绝对整体性质，主体与客体、主观与客观、部分与整体，都在心中泯灭了界限。其四，心具有离言绝相的性质。它不能以语言文字来确切描述，不能以逻辑思维来把握，只能通过自我的直观体验。《坛经》中所讲的本心或本性，正是从这四重意义上来使用的，而在不同的上下文中又有不同的侧重点。由于禅宗把传统佛教的一切崇拜对象都拉回到自我的本心或本性之中，所以，一切修行活动都归结为修心（“自见本心”）。这样，禅宗实质上是把解决一切个人问题和社会矛盾的途径或手段，完全归结为自我的心理调节。这就是“自见本心”或“自识本性”的本质特征。

② 自成佛道：与“自见本心”的意思相同。认识、理解和体验了自我的本心，也就是自己实现了佛道。

【白话】

“我今天留下一首偈和你们告别，这首偈名叫《自性真佛偈》，后代人如果能领会这首偈的意思，就会自己认识自己的本心，自己实现佛道。这首偈是：自我固有的真如本性就是真正的佛，贪婪、愤怒、愚昧三种烦恼就是与佛为敌的魔王。人在愚昧无知之时，魔王就占据了他的内心；具有正确的思想时佛就来到你的心中。人的本性中产生了错误思想就出现了贪婪、愤怒和愚昧三毒，这就是魔王居住在心中的表现。正确的思想消除了错误见解与不良情感，就如同魔王成了真正而不虚假的佛。无论是法身、报身还是化身，这三身本来是同一个身。如果能从自己的本性中认识三身，就是成佛的觉悟之因。从化身中本来生出清净本性，清净本性就总在化身之中，清净本性使化身能行正道，那么报身将来也就功德圆满不可穷尽。淫乱之念本来也是清净本性因，如果除掉淫乱之念就是净法身。本性中没有污染而各自远离五欲，认识本性同时也就是见到真佛。今生有幸，听到顿教教法之后，忽然认识自性就是见到世尊。如果想通过各种修行于自身之外寻找佛，不知到什么地方去求见真佛。如果能在心中自见真实，有了这个真实即是成佛之因。不能认识自我的本性而追求外在的佛，有这种心念就完全是愚昧无知者。以上就是我今天要留下的顿教法门，要拯救世人必须自己先修行。告诉将来学道的人，没有这样的认识就无异于空度岁月！”

【经文】

师说偈已，告曰：“汝等好住，吾灭度后，莫作世情悲泣雨泪。受人吊问，身著孝服，非吾弟子，亦非正法[①]。但识自本心，见自本性，无动无静，无生无灭，无去无来，无是无非，无住无往。恐汝等心迷，不会吾意，今再嘱汝，令汝见性。吾灭度后，依此修行，如吾在日。若违吾教，纵吾在世，亦无有益。”复说偈曰：

“兀兀不修善，
腾腾不造恶。
寂寂断见闻，
荡荡心无著。”

【注释】

①……亦非正法：禅宗认为人的本性或本心没有生灭变化，所以也认为人的生死无别。对于生不必留恋，对于死也不要厌恶，因为就生死现象的本质而言，生本无生，死本无死。正是基于这种认识，才要求弟子们对惠能的死不要悲痛。

【白话】

惠能大师说完偈后，对大家说：“你们今后多保重，我逝世之后，不要像世间凡夫俗子那样痛哭流涕，接受人家的吊祭慰问，身上穿着孝服，这样做的人不配当我的弟子，这样做也不符合如来的真正教法。只要认识自己的本心，认识自己的本性，无动无静，无生无灭，无去无来，无是无非，没有变化和停留。我恐怕你们心中迷惑，不理解我的意思，所以今天再嘱咐你们一遍，使你们认识自己的本性。我逝世之后，你们依据此偈修行，就如同我在世一样。如果违背了我的教法，即使我仍在人世间，也没有什么益处。”惠能大师又说一偈：“岿然不动连善也不追求，逍遥自在却不有意去做坏事，宁静寂寥无见无闻，胸中坦荡无念无求。”

【经文】

师说偈已，端坐至三更，忽谓门人曰：“吾行矣。”奄然迁化[①]。于时，异香满室，白虹属地，林木变白，禽兽哀鸣。十一月，广韶新三郡官僚洎门人僧俗，争迎真身，莫决所之。乃焚香祷曰："香烟指处，师所归焉。"时香烟直贯曹溪。十一月十三日，迁神龛[2]并所传衣钵而回。次年七月出龛，弟子方辩以香泥上之。门人忆念取首之记，仍以铁叶漆布固护师颈入塔。忽然塔内白光出现，直上冲天，三日始散。

【注释】

①迁化：迁移化灭，即逝世的别称。

②神龛："龛"指其形如轿，三面有木板、前面敞开的小室，禅者可坐于其中习静。也叫"禅龛"，俗称"神龛"。

【白话】

惠能大师说完偈之后，端然静坐，直到三更时分，忽然对弟子们说："我走了。"溘然逝去。这时，屋子里弥漫着奇异的香味，一条白虹连地接天，把山中的树木都染成白色，山中的飞禽走兽发出阵阵哀鸣。十一月，广州、韶州和新州三地的官吏及其出家在家的弟子们，争着要迎请惠能大师的真身，一时不能决定由谁来迎请。于是，他们便燃香祈祷："香烟飘去的方向，就是惠能大师真身的应归之处。"这时，香烟直接飘向曹溪。十一月十三日，人们把惠能大师的神龛和所传衣钵迁到曹溪。第二年七月，人们把惠能大师的肉身搬出神龛，弟子方辩用香泥涂塑其上。弟子们想到惠能大师生前所说的有人取首的预言，就用铁皮和漆布把惠能大师肉身颈部牢牢包裹好，然后置于塔内。这时，塔内忽然白光出现，直冲天空，过了三天才消失。

【经文】

韶州奏闻，奉敕立碑，纪师道行。师春秋七十有六[1]，年二十四传衣，三十九祝发，说法利生三十七载，嗣法四十三人，悟道超凡者莫知其数。达磨所传信衣、中宗赐磨衲宝钵，及方辩塑师真相并道具，永镇宝林道场。留传《坛经》，以显宗旨，兴隆三宝，普利群生者。

【注释】

①师春秋七十有六：惠能生于唐贞观十二年（638），卒于先天二年（713），世寿七十六，这是确定无疑的。但是，关于他的生平事迹，各种史籍的记载不尽相同。《六祖坛经》所记载的惠能事迹，是元代以后禅宗界人士公认的，但并不能因此认为这些都符合历史事实。

【白话】

韶州的地方官把惠能大师的事上奏朝廷，朝廷命树碑以记惠能大师的事迹。惠能大师享年七十六。二十四岁时得到弘忍大师所传衣钵，三十九岁时正式剃发为僧，为拯救世人宣讲教法三十七年，传承他的教法的弟子有四十三人，其他悟道而超凡入圣的弟子就不计其数了。达磨所传的袈裟、唐中宗所赐的磨衲衣和水晶宝钵、弟子方辩所塑的惠能大师像，以及惠能大师日常所用的法物，都放入塔内，作为宝林寺的镇寺之宝。惠能大师的《坛经》刻印流传，以弘扬禅宗的宗旨，使佛、法、僧三宝兴盛，使芸芸众生普遍获得利益。

后 记

《坛经》主要记录惠能的言行，由其弟子记录整理而成。在长期的辗转传抄过程中，经过不断增删修改，形成了多种内容不尽相同的《坛经》版本。我们所依据的宗宝重编本《坛经》，成书于元代至元二十八年（1291），字数较多，内容较充实，流传也较广。

应该指出，宗宝本《坛经》也和其它版本一样，并不是忠实记录惠能思想和事迹的信史。它既保留了惠能思想的核心内容，又增添了许多后期才形成的禅学思想，揉进了许多宗教神话，从而着力塑造出与史实并不完全相符的宗教领袖的形象。正因为如此，它更清晰地给我们展示出禅宗理论的整体形态。

禅宗是唐代形成的佛教一派，其理论具有鲜明的个性特征。禅宗认为，人的本心具备了一切，传统佛教的所有崇拜对象无不存在于人的心中，从而强调人的价值，倡导自证自悟、自我解脱。在禅宗看来，成佛不过是自我本心或本性的显现，解决个人解脱和一切社会问题的关键在于自我心理调节，一切修行活动完全可以归结为毫无执著而随缘任运的生活。各种版本的《坛经》大致都论述了这个中心思想。

就《坛经》中所讲的禅法总纲而言，是要求人们从主观上超越一切差别对立，保持对一切事物或现象既无追求又不厌弃的心理状态。这被认为是自我本心或本性的显现。如果人们能够始终保持这种心态，他的一言一行，一举一动，都体现佛的教化，都是成佛的表现。至于是否按照传统佛教的要求去坐禅习定、研究经典、做功德善事等等，与明心见性并没有直接联系。中唐以后兴起的各种禅学思潮和修禅方式，如机锋棒喝、颂古评唱、参究话头、静坐默照，都围绕明心见性而展开，是为识心见性设计的不同方案。

同样信奉自心具足一切的理论，在宗教和社会实践方面，既可以表现为践踏一切清规戒律，又可以从另一个角度表现为维护任何现存制度。把自证自悟教义推向极端的禅僧，主张摆脱戒律的束缚。“抱妻骂弥勒，醉酒打释迦”，可以被视为明心见性的体现；呵佛骂祖，非经毁教，可以被视为表达证悟的手段。有些禅僧则把自心所具足的一切归结为儒家的纲常，认为佛所传之心或人的本心不过是忠义之心，明心见性的证悟集中体现在不遗余力地为统治阶级服务方面。其中一些僧人甚至因此卷入政治斗争漩涡而无力自拔，但他们又身陷囹圄而赤心不变。还有一些禅僧认为，既然自心具足一切，觉悟成佛就完全是个人的事。所以他们长年栖身于林泉岩穴之下，从事严格的勤苦修行。“自证自悟”这种蕴含着强烈反抗精神的发聋振聩的口号，变成了消极遁世者无可奈何的叹息。无论在禅宗发展的高涨时期还是低谷阶段，这些现象都流行于丛林之中。总的说来，《坛经》所表述的见解比较温和，没有走向任何一种极端，所以它能为绝大多数禅僧所接受。也正因为如此，它的言论中又存在着许多矛盾，非常便于自由解释和任意发挥。

禅宗主张“不立文字”，《坛经》实际上是用文字传禅，但是信奉《坛经》的禅僧总是认为，《坛经》虽有文字而实无文字，本质上是默传佛心，直指人心。不过，“心性”的确是《坛经》集中论述的范畴。一些有影响的禅僧认为，禅宗的心性之学精深玄奥，不可思议，谈性说命的儒家人士，包括朱熹、王阳明等，始终没有“悟”出禅宗心性之学的真谛。唐宋元明历代大儒所讲的心性，有一个共同的本质特征，即都是禅宗所讲的与心性既有联系又有区别的“情”而已。《坛经》集中论述了禅宗的心性理论，常使禅宗人士引以为自豪，并且把它作为衡量儒门诸家心性之学优劣深浅的标准。带着炽烈的宗教感情从事这种比较研究，其结论的科学性如何不言自明，但它足以显示以《坛经》为代表的禅学在中国古代思想界影响之巨大和持久。

《坛经》大量吸收了传统佛教各派的名词和概念，灵活解释，既有继承也有创新，从而建立起自己的学说体系。我们在注释中力图尽量讲清楚这一点，以便能够揭示禅学体系形成的脉络。我们希望通过译文和注文的结合，能够比较确切地表达《坛经》的原义。注释力求简明，紧扣原文，不作繁琐考证，以有助于理解原典为目的。在注译过程中，主要参考了蓝吉富主编的《禅宗全书》第37册和第38册，张曼涛主编的《现代佛学丛刊》第1册，任继愈主编的《宗教词典》，以及其他一些中日学者的著作和工具书。在此一并致谢。

我曾随高杨教授学习印度佛教，随杨曾文教授学习中国佛教，随杜继文教授学习佛教哲学，这本小册子既是向热心的读者汇报，也是向尊敬的老师汇报。注译中的错误肯定不少，敬请读者批评指正。

我感谢杜继文教授，他在百忙中应请作序，简述多年研究心得，点缀庸文，鞭策晚进。